算股達人的翻倍成長投資術！

陳喬泓◎著

推薦序》　升級版的成長股高手 008

自　序》　我的投資故事從3萬元開始 012

前　言》　投資成長股是創造高報酬的捷徑 016

Chapter1 基礎篇》善用8大法則 篩出潛力標的

1-1　**選股法則1》近5年營業收入正成長** 028

獲利如同水庫，營收豐沛方能充實盈餘／優選未來 3 ～ 5 年每年營收成長至少 10% 標的／處分一次性資產對獲利反而是「短多長空」

1-2　**選股法則2》近5年稅後淨利正成長** 041

著重稅後淨利的「成長性」而非「爆發性」／中鋼獲利長期不穩定，造成股價持續低迷／原物料產業屬景氣循環股，營運隨景氣榮枯變化

1-3　**選股法則3》本益比低於15倍** 051

低本益比具保護效果，無懼市場修正帶來的損失／個股出現極低本益比，須探究原因以免錯估股價／優質公司股價遭市場低估，就該找尋進場機會

1-4　**選股法則4》股東權益報酬率15%以上** 060

ROE 愈高，代表愈能有效運用股東資金賺利潤／ROE 連 5 年達 20%，台股僅 3% 公司做到／優先選擇近 4 季 ROE 合計達 15% 以上標的／留意 ROE 成長來源，檢視時應和負債一起比較

1-5　**選股法則5》毛利率15%以上** 069

高毛利代表有競爭優勢，較能避開產業惡性競爭／營收＋毛利率皆上升，是維持高淨利的雙引擎／不同產業毛利率差異大，應找同類股比較才精準／透過毛利率篩選標的，可避開景氣循環股

1-6　**選股法則6》近5年現金股利正成長** 079

現金股利持續增加，顯示公司為產業中佼佼者／獲利優異但現金股利減少，須提高警覺勿衝動／公司獲利但股息無法創新高，股價將面臨修正／重視現金股利成長原則，讓成長股攻守兼備

1-7　**選股法則7》本益成長比低於0.75倍** 092

從「祖魯法則」取經，用本益成長比改善績效／高本益比與產業別無關，獲利具成長性才是關鍵／公司淨利成長率愈高，合理本益比理應愈高／本益成長比等於 1 倍，代表股價處於合理價位

1-8 選股法則8》預估未來淨利可望持續成長 107

預估不會 100% 正確，股神巴菲特也曾預測失準／兼顧勝率與期望值，才能挑出賺錢的投資機會

Chapter2 進階篇》掌握公司錢脈 確保獲利前景

2-1 專挑簡單易懂公司 提高投資勝率 120

傳統產業變化較小，相對易於預估產業前景／投資自身擅長產業，將比他人更接近成功

2-2 遠離2類型產業 降低賠錢機率 125

想布局景氣循環股，得先懂得判斷景氣所在位置／盲目投資景氣循環股，買錯時間恐住「套房」

2-3 從3方向著手 提高預估公司獲利準確度 131

長期趨勢》從日常生活中找出有用資訊／公司高層說法》輔助判斷個股與產業前景／法人研究報告》了解外資機構看好或看壞理由

Chapter3 審核篇》檢視公司體質 增加持股信心

3-1 從經營者持股＋融資比率 了解籌碼在誰手上 150

經營階層＋大股東持股，比重至少要達 25%／融資比率不超過 5%，低於 3% 更好／關注買盤來源，外資或投信持續加碼才有大行情

3-2 首選股本小於30億標的 股價漲幅更驚人 159

過去 80 年，美國小型股報酬大勝大型股／一旦遇到行情修正，小型股跌幅將比大型股劇烈

3-3 透過負債比與利息保障倍數 衡量企業還債能力 164

依據產業屬性不同，負債比的標準也不相同／利息保障倍數逾 20 倍，代表財務狀況穩健／從流動比和速動比，輔助觀察償還短債能力／負債比最好低於 50%、流動比大於 150% 尤佳

3-4 分析現金流量表 掌握企業資金實際流向 173

充沛現金流量是經營基石，投資人須留意 4 重點／自由現金流量愈充裕，代表股利配發能力愈強

3-5 **看懂3種股價線圖 輕鬆判別飆股「漲相」** 179

創新高》高點修正後量縮,蓄積動能突破前高/盤整向上》趁盤整時布局,待籌碼湧入坐享獲利/創高拉回》基本面佳,派多拉回整理後挑戰前高/用技術線型判斷進場良機,縮短時間成本

Chapter4 活用篇》擬定投資策略 奠定致勝基礎

4-1 **計算總報酬本益比 找出攻守兼備好標的** 196

個股總報酬本益比大於台股平均值 2 倍時可買進/總報酬本益比適合評估營運穩健企業

4-2 **3大最佳賣股時機 讓帳面獲利落袋為安** 201

時機 1》當股價到達設定的目標價/時機 2》預期公司未來的獲利衰退/時機 3》找到更有潛在獲利的標的

4-3 **堅守4原則 讓停損變成華麗轉身** 209

停損有其必要性,但勿僅以股價當判斷依據/原則 1》當初買進股票的理由消失/原則 2》謹慎選擇進場點,不在高本益比時進場/原則 3》適度分散持股,切勿重壓一檔標的/原則 4》擬定適合自己的停損策略/擬定策略後須嚴格執行,硬拗只會擴大虧損

4-4 **透過持股配置 集中火力讓資金迅速翻倍** 222

分散持股不代表安全,若無研究依然有投資風險/將資金集中於優質標的,才能快速累積獲利/本金小於 100 萬的投資人,持股檔數勿逾 5 檔

Chapter5 實戰篇》匯集10年經驗 解析經典案例

5-1 **民生消費股》統一超、佳格 從日常生活找尋投資標的** 234

統一超》用多元化服務,挺過金融海嘯衝擊/佳格》旗下食品受青睞,金融海嘯時獲利依舊佳

5-2 **輪胎大廠》正新 利用配股放大獲利** 246

發現成長股投資優勢,選股焦點轉向配股標的/本益比低+持續配股,開始布局正新/若不具備獲利成長條件,過多的配股將降低 EPS

5-3 **精品單車領導廠》美利達 高油價＋樂活風的受惠族群**............257

美利達規模僅次於巨大，專注生產高階自行車／美利達財報獲利優異，股價明顯遭到低估／1 根紅 K 棒突破 8 個月盤整，多頭格局確認／股利＋價差，持有美利達 2 年多報酬率逾 350%

5-4 **機能衣一貫化品牌》儒鴻 從瑜伽熱潮發現產業贏家**............268

獲利高度成長，但儒鴻本益比卻不到 10 倍／3 原因看好儒鴻前景，本益成長比出現買進訊號／52 元開始布局儒鴻，持股 10 個月股價突破百元／獲利趨緩且本益比偏高，2 年停利大賺 560%

5-5 **美妝生活用品連鎖店》寶雅 抓住業績成長契機**............278

稅後淨利成長＋積極展店，股價創高後仍被低估／買進後盤整期間陸續加碼，持有約 1 年股價翻倍

5-6 **專業條碼列印機廠》鼎翰 產品易懂的科技公司**............285

公司產品容易理解，歷年營運績效穩定成長／2013 年重拾成長動力，股價漲 1 倍仍被低估／營運持續成長而加碼，持有 9 個月獲利近 7 成

5-7 **Nike全球合作夥伴》豐泰 從慢跑風潮找投資明燈**............292

合作關係高度緊密，豐泰 9 成營收來自 Nike／訂單穩定成長＋持續擴產，PEG 符合買進訊號／趁短暫利空加碼，終於等到股價倍數翻漲／本益比偏高，逢高陸續調節持股獲利達 260%

5-8 **晶圓代工龍頭》台積電 科技產業中的績優股**............303

第 1 次操作》看好盈餘成長率上看 12% 而進場／第 2 次操作》評估合理股價，成功賣在相對高點

5-9 **失敗經驗》再生-KY、綠悅-KY 專注財報數據忽視高層誠信**............312

再生-KY》2011 年上市，因財報完美而買進／財報利空打擊股價，累積跌幅 95.7%／綠悅-KY 看好獲利增長，以 5% 資金謹慎進場／公司董座轉讓持股逾 7500 張，打擊投資人信心／管理階層出脫持股，顯示公司現金短缺／剛上市櫃公司不確定，最好鎖定掛牌滿 5 年個股／如何從錯誤中學到教訓，才是股市致勝的關鍵

後　記》 不斷學習才是獲利不二法門............326

升級版的成長股高手

從一位美術設計，變成一位投資高手，陳喬泓如何彌補其間的差距？不是靠學院裡的專業知識，而是靠勤於閱讀與貼近市場脈動。

相隔兩年，陳喬泓出版第二本書，同樣奠基於以上兩項基礎，並且精益求精。新書中，他受到知名基金經理人約翰・聶夫（John Neff）的啟發，加入對現金股利的重視，將其列為重要選股條件，因為現金最難造假，企業帳面上的獲利容易灌水，但是要能年年發出現金股利給股東，甚至年年提高現金股利，這必須要是卓越企業才能辦到。

本書中提出的 8 大核心選股法則，有 5 項都跟公司經營基本面有關，而且是根據實際可得的數據，例如：股東權益報酬率高過 15%、毛利率高過 15%。前者可以看出公司

運用資本的效率；後者可以看出產品的競爭力。有些公司
的產品很有競爭力，但是經營風格偏保守，經常保留較多
的現金在手，導致明明是家好公司，又有好產品，不過，
股東權益報酬率卻稍低，雖然這有助於降低風險，特別是
在景氣大衰退或金融風暴時期，另一方面，這類公司的股
價通常比較溫吞，不容易達成作者期望的高倍數漲幅。

有些公司的股東權益報酬率還不錯，但是產品毛利率不
高，這樣的公司並非一定不好，不過，可能有兩種潛在問
題：其一是較高的股東權益報酬率可能是靠積極的財務槓
桿得來，雖然我們不希望公司經營得太過保守，導致資本
運用的效率太差，但是，我們更害怕公司經營得太過積極，
運用過大的財務槓桿，一旦景氣發生逆轉或金融風暴，有
可能意外引發公司的財務危機。其二是如果產品的毛利率
偏低，容易被大環境的因素所拖累，譬如市場爆發激烈的
價格競爭，或匯率大波動造成的匯兌損失等，有可能瞬間
吃掉公司大部分獲利。

因此，在檢視好公司時，如果把條件設得嚴格一點，選
到好股票會變得困難，可是相對會讓投資風險降低。身為

股東，對公司管理層「苛薄」，就是善待自己的錢包；如果對公司管理層太體貼，則是跟自己的財富找麻煩。

作者也循循勸誘，想成為投資贏家的讀者，要學會「忍」！不符設定條件的股票，絕不輕易出手，一旦買進後，更要學會忍，因為好股票的高報酬是靠「抱」出來的。作者在本書中，不僅教你投資技巧，更教你心理建設，尤其他一再提醒：任何投資都沒有百分之百的勝算，只要能做到大賺小賠，你就能成為下一個投資贏家。

《Smart 智富》月刊社長

我的投資故事從 3 萬元開始

我的第一本著作《算股高手的驚人財富翻倍術！》在 2016 年出版，承蒙各位讀者的支持與愛戴，市場反應超乎我的預期，再版已經超過 10 刷了，並且連續在 2016 年與 2017 年，入圍博客來商業理財類年度百大暢銷書榜單。對於首次寫書的我而言，這份榮耀帶給我極大的肯定，也成為我持續寫作與催生第二本著作《算股達人的翻倍成長投資術》的主要動能。

一開始想寫書，起心動念是想要跟大家分享我 10 年來所累積的投資心得，以及投資股票正確的邏輯與觀念。至於能賣多少本，內心並沒有太大的期望，幸好書出版之後，市場反應相當熱絡，更有不少讀者寫信或至我的臉書（Facebook）粉絲專頁留言，給我很多的鼓勵與肯定，在此致上我最誠摯的謝意！

　　有些讀者看了書之後，會上我個人的粉絲專頁與我討論書中的內容，大部分的問題透過我的補充說明，都能得到適當的解答。但是，也有一些問題是無法透過簡單幾行字就能詳細解釋，比方說，如何預估公司未來的淨利成長率，這種問題無法單純只靠幾段文字，就能完整闡述，因此，讓我產生了想寫第二本書的念頭。

　　初試啼聲的第一本著作，最主要是跟大家分享，像我這樣一位口袋只剩下 3 萬元、月薪只有 32K 的小美工，如何從一個完全不具備財經知識的投資門外漢，在歷經金融海嘯慘賠百萬後，還能夠透過看書自學，只花 6 年的時間，就在股市累積高達千萬元獲利的成功翻身經歷。

　　相較之下，我的第二本著作《算股達人的翻倍成長投資術》，則以成長股的投資策略為主，可以說是《算股高手的驚人財富翻倍術！》的進階完整版。此書的重點為成長股的投資策略與運用，內容包括：進階版的「翻倍成長投資術」、本益成長比公式的運用、如何計算公司的淨利成長率、成長股的持股配置、停損策略的運用、台股實戰案例解析等等，都將毫無保留的把我在股市累積多年的投資

法則完整跟大家分享。

　　雖然投資策略有很多種，也有各自的優缺點，但是，如果你問我最適合一般散戶的投資策略是什麼？我會毫不猶豫的告訴你，就是聚焦成長股。根據我的研究，股票能夠長期上漲最重要的原因，是受惠於企業獲利不斷的成長，因此，投資人只要能鎖定市場最具成長性的公司，就能無往不利。

　　而「翻倍成長投資術」正是以發掘具備未來成長潛力標的為主的投資策略，它的優點是能夠在短時間內創造高報酬，而且追求高獲利的同時，風險卻比標榜高報酬的期貨、選擇權、權證等衍生性金融商品還要小得多！

　　我在 2014 年準備開始寫第一本書的時候，我的大女兒才剛誕生不久，2018 年，我正在著手第二本著作之際，我已經是兩個孩子的爸了！從原本甜蜜的兩人世界，短短不到幾年的時間，變成一家四口的溫馨家庭。因此，本來的居住空間便顯得有點狹小，為了給家人更好的生活品質，我也在 2018 年買了新房子。

　　這些是過去身為小美工的我所無法想像的，而這一切的改變，追根究柢只有一個原因，就是投資。因為持續不間斷的投資，所以讓我的人生能夠更加自由，更重要的是，讓我能夠有更多的時間，陪伴孩子的成長。

　　如果你跟我過去一樣，是個沒家世、沒背景，學歷也只是一般般的小資上班族，只要你用對方法，投資股票是你最好的翻身機會。如果你過去的投資績效總是賠多賺少，或想開始投資卻不知該如何踏出第一步，你只要打開這本書就對了，因為《算股達人的翻倍成長投資術》是一本專門為你量身訂做的投資書。

投資成長股是創造高報酬的捷徑

每位投資人都想在股市中獲利,而投資方法百百種,有的喜歡長期持有、有的擅長波段操作、有的只看技術面分析、有的著重基本面選股,甚至有人只玩指數期貨或沉迷於短線當沖。雖然大家可以選擇的投資項目與操作策略眾多,但是,在我看來,能長期創造獲利的方法其實有限。

如果你問我,哪種投資策略能夠創造高報酬,同時適合大多數的投資人呢?我會毫不猶豫地告訴你,買進成長股!不過,為了可以完整地回答這個問題,我先說一下我的投資故事:

2005 年服完兵役後,我懷抱著滿腔熱忱,準備一展長才,面臨的卻是台灣經濟開始走下坡。我寄了數十封履歷,全都無疾而終,花了好幾個月的時間,最後好不容易在一

家電子公司，找到了一份美工設計的職缺。雖然不是領22K，但是也只有32K，扣掉日常開銷與補貼家用後，能存下來的薪水非常有限，再加上工作性質一成不變，我幾乎可以預見，如果我持續在那裡工作，經過10年、20年後，熱情消磨殆盡的模樣。

經過審慎思考後，我決定改變。有一天，我逛書店時隨意翻閱一本投資書，其中一段話說：「一個人要致富有兩個方法：一是投資自己、一是投資理財。」而投資理財致富的祕訣就是投資股票，只要把握低點買、買好股票、波段操作的原則，每年獲利超過20%不是難事。我站在書店，心想或許有機會一搏！

因此，我毅然決然辭掉工作，那年我才28歲。離職後，我一方面投入當時正熱門的創意市集行列；一方面則打算開始投資。但是，因為我的口袋只有3萬元，買一張股票可能就超過預算，所以我說服家人，共同集資20萬元，開始我的投資生涯。

我是在2006年進入股市，剛開始沒有什麼技巧可言，只

要公司基本面看起來不差，線型看起來 OK，當下剛好有題材性，我就進場。秉持波段操作的精神，一旦有 20% 的價差，我就獲利出場。在當時的多頭行情下，要獲利並沒有太困難。

雖然 2006 年、2007 年受惠於多頭行情，我累積了不少的獲利，但是，在 2008 年碰上美國次貸風暴所引發的金融海嘯，台股從 2007 年最高點 9,859 點，一路下跌至 2008 年最低點 3,955 點後，我的股票總市值最慘蒸發了近百萬元！

在這個過程中，我一直在思考，是不是有哪個地方錯了呢？股市真的能夠致富嗎？是我運氣不好遇到百年難得一見的金融海嘯，還是因為我的投資方法錯誤？而我所具備的專業知識似乎不足以提供我一個滿意的答案，可是我不甘心就這樣離開市場。

於是，我決定再給自己一次機會，我開始看書找答案。在工作之餘，我開始大量閱讀投資大師，例如：股神巴菲特（Warren Buffett）、傳奇基金經理人彼得·林區（Peter

Lynch）、德國股神科斯托蘭尼（André Kostolany）等人的經典著作。我廣泛蒐集所有一切跟投資相關的書籍，盡一切可能吸收所有跟投資有關的知識。

我這才發現，外國的投資大師鮮少有人熱中於技術操作，幾乎清一色都是以基本面為主要的投資工具。而在基本面分析中，又屬成長股投資法最有機會創造高報酬，像是吉姆·史萊特（Jim Slater）、威廉·歐尼爾（William O'Neil）、菲利浦·費雪（Philip Fisher）、彼得·林區等人，都是以成長股為主要投資標的的大師。

擅長長期持股的巴菲特是史上公認最強的價值型投資大師，但是，你可能不知道，只單純靠存股，是沒有辦法讓他長期名列全球前三大富豪，因為巴菲特不單單只是存股，他存的是成長股！

威廉·歐尼爾在《笑傲股市》中，列舉了美國史上前100檔的飆股，這些大漲的股票都有一個共同點，就是企業獲利的成長性極為優異，而且絕大部分能夠持續上漲的股票，最主要的原因是獲利不斷成長！

於是我明白，如果我想要獲取高於市場的報酬率，在不投資高風險的衍生性金融商品、也不使用融資、融券的前提下，布局具有成長潛力的個股，是最佳的方法。

因此，我從 2009 年開始，改以投資成長股為主的策略，使得我的投資績效愈來愈好，即便是 2011 年發生歐債危機，使當年台股大跌逾 20% 時，我依舊繳出接近 10% 的正報酬率。從 2009 年至 2015 年，我創造了近 40% 的年化報酬率，在股市累積的總獲利高達千萬元，並且讓個人的資產翻了 6 倍。我只花了 6 年的時間，成功在股市反敗為勝！

「翻倍成長投資術」是我累積 10 年而成的投資精華，我把過去大賺 50% 至 5 倍的股票進一步抽絲剝繭，找出這些飆股的共通點，並且運用一些選股指標進行系統化的篩選。我發現，會大漲的股票，在起漲前都具備一些同樣的條件，只要能夠找出相同處，買股票就會事半功倍，更能大大增加命中率。

像我這樣的財經門外漢，在 28 歲前沒買過任何一張股票，但是，透過閱讀前人的智慧，讓我能夠在市場長期獲

利，也讓我的人生順利翻身。因此，當我有能力的時候，我也把我的投資心法毫無保留地與大家分享。

如果你跟我過去相同，只是個小資族，卻想要改變自己的人生，或者你過去的投資績效總是不如預期，想學投資卻不得其門而入，這本書應該能給你不少的啟發，希望你也能像我一樣，找到屬於自己的人生成長股。

善用8大法則
篩出潛力標的

距離我的第一本書《算股高手的驚人財富翻倍術！》出版到現在（截至 2018 年 10 月 1 日），已經有 2 年了。這段時間美股呈現強漲的格局，台股也搭上這波國際股市大多頭的列車，加權指數最高來到 1 萬 1,270 點，創下 28 年新高。

經過這幾年的實戰經驗，我把原本的「翻倍成長投資術」做了部分調整，其中最重要的地方，就是在選股法則裡加入現金股利的條件。在原本的投資策略裡，沒有現金股利這個項目，之所以會納入，是因為《約翰·聶夫談投資》這本書給我的啟發。

約翰·聶夫（John Neff）是何許人也？他是美國先鋒溫莎基金（Vanguard Windsor Fund）的操盤人，所管理的這檔基金，累積 30 年的總投資報酬率，大勝 S&P 500 指數（標準普爾 500 指數）達 1.4 倍。

聶夫慣用「總報酬本益比」來評估股價的合理性，公式中的「總報酬」是指「盈餘成長率」加上「收益率（殖利率）」。對於一般投資人而言，能夠精準預測盈餘成長率

有一定的難度，但是，計算股票的預期收益率就相對簡單許多，而且更容易掌握。至於如何進一步觀察一家企業的現金股利政策，以及多少百分比以上的配息率才算優異呢？本書會用一個完整的章節來好好聊一下（詳見4-1）。

除了新增「近5年現金股利正成長」法則之外，還有一個新增的法則是「近5年營業收入正成長」，並且剔除了一些原本的法則，例如：股本低於30億元、經營階層持股多、融資比率低於5%等。

被我剔除的法則不代表不重要，而是跟其他條件相比，屬於相對次要，而我把它們列入「進場前的篩選條件」。在你已經確定想要買進的標的，並且符合「翻倍成長投資術」的條件時，就可以進一步利用「進場前的篩選條件」來幫你所選的股票做最後的檢視，如果符合絕大部分的篩選條件，就可以考慮買進。

「翻倍成長投資術」是我匯集10年的投資經驗而得，我從過去的投資經驗中，找出讓我獲利50%至5倍的超級成長股，歸納出它們的共同點，再加上不斷測試與反覆驗證

而成。而本書的「翻倍成長投資術」更新了一部分的選股法則，並且把原本 10 個核心選股法則去蕪存菁，濃縮為以下 8 大核心選股法則：

①近 5 年營業收入正成長
②近 5 年稅後淨利正成長
③本益比低於 15 倍
④股東權益報酬率（ROE）15% 以上
⑤毛利率 15% 以上
⑥近 5 年現金股利正成長
⑦本益成長比低於 0.75 倍
⑧預估未來淨利可望持續成長

「翻倍成長投資術」運用 8 大核心選股法則，找出現階段最具成長潛力的個股，並且透過「本益成長比」算出股價是否被低估，同時配合成長股的持股配置、停損技巧，成為一套把風險控制在合理範圍內，而且預期獲利盡可能極大化的投資策略。

相較於定存股，這套投資術的預期報酬率更高，但是風

險相對比期貨、選擇權、權證等衍生性金融商品低許多，是一種能夠創造高報酬、風險卻相對有限的投資策略。

　　只要你嚴守「翻倍成長投資術」，謹記其中 8 大核心選股法則，在不符合條件的情況下絕不輕易出手，但是，只要發現符合條件的投資標的，買進之後絕不要輕易出場，我相信你就有機會選到股價伴隨獲利飆漲，且價值遭受低估的個股，享受獲利翻倍上漲的喜悅！

1-1 選股法則1》 近5年營業收入正成長

　　營業收入簡稱營收，是一家企業能否維持穩定獲利最主要的源頭，也是投資人觀察一檔股票的重要指標。對於聚焦在成長股的投資人而言，沒有什麼比「獲利持續攀升」來得更重要，而營收穩定的成長，正是推升獲利不斷創高的首要關鍵。

　　投資人想找出有大漲潛力的成長股，首先要有解讀財報的能力，而「綜合損益表」、「資產負債表」與「現金流量表」等3大財務報表中，綜合損益表最能看出一家企業的獲利成長性。我們以台積電（2330）2017年的財報為例，來檢視其綜合損益表的主要內容（詳見表1）。

　　從綜合損益表可以清楚看出一家企業，從營業收入到最後產出每股盈餘（EPS）的整個過程。首先，台積電2017

表1 綜合損益表能清楚呈現企業的收入結構

台積電（2330）2017年的合併綜合損益表

會計科目	金額
營業收入（億元）	9,774
營業成本（億元）	4,826
營業毛利（億元）	4,948
營業費用（億元）	1,092
營業利益（億元）	3,855
營業外收入（億元）	154
營業外支出（億元）	49
稅前淨利（億元）	3,961
稅後淨利（億元）	3,431
每股盈餘（元）	13.23

綜合損益表描述企業從獲得營業收入到產出每股盈餘的過程

資料來源：公開資訊觀測站

年的營業收入為 9,774 億元，扣除營業成本 4,826 億元後，剩下的 4,948 億元就是營業毛利，接著再扣掉推銷費、管理費、研發費等營業費用共 1,092 億元，結餘的 3,855 億元就是營業利益。

接著，再加上包括投資收入、股利收入、處分資產利得、匯兌收益等營業外收入 154 億元，再減去營業外支出，例

如：利息支出、投資損失、處分資產損失、匯兌損失等合計 49 億元，所得到的就是稅前淨利 3,961 億元，再將稅前淨利扣除所得稅費用，就得到稅後淨利 3,431 億元，也就是台積電 2017 年度的實質獲利。

最後，把稅後淨利除以台積電的股數 259 億 3,000 萬股（股本 2,593 億元／面額 10 元），就能計算出投資人最重視的每股盈餘了，數字為 13.23 元。

獲利如同水庫，營收豐沛方能充實盈餘

從綜合損益表的結構我們可以發現，營收與淨利息息相關，而且淨利多半會隨著營收成長。舉例來說，營業收入就像是雨水，而淨利就如同水庫，雨下得愈大，代表最後會流入水庫的水愈多。雖然未必每次都會下在集水區，但是，只要大雨持續不停，下在集水區並且流入水庫的機會勢必增加；相反地，如果雨下得很小，或長時間沒有下雨，水庫缺水或發生乾旱的機會自然會大增。

因此，投資人在選擇投資標的時，應該要特別鎖定在營

收穩定成長，並且在未來有機會持續創新高的個股。營業收入是我看企業財報必定會先觀察的指標，這也是我把「近5年營業收入正成長」放在選股法則首要條件的主要原因。

而最理想的條件是，一家企業的營收在過去5年間，每一年都比前一年好；次佳的條件是，過去5年裡，有一年是比前一年衰退，但是，年複合成長率（Compound Annual Growth Rate，簡稱CAGR）至少要有5%以上的水準。至於設定5年的意義是，要避開產業容易大起大落的景氣循環股，以及受惠於題材性而使短期業績爆發的個股，我們要把目光放在過去5年～8年營運持續成長的績優股身上。

我們以台積電2013年～2017年的營業收入為例，2013年為5,970億元，經過連續的成長，到了2017年，營收來到9,774億元（詳見表2），總成長率為63.7%，換算年複合成長率達13.1%。

因為營收強勁的拉升，所以台積電的稅後淨利與EPS也呈現大幅上揚：稅後淨利從2013年的1,881億元，成長

表2 近5年台積電的營收成長率達63.7%
台積電（2330）2013年～2017年的合併綜合損益表

台積電 2013 年～ 2017 年營收呈現年年成長的態勢，營收成長率達 63.7%，營業利益與稅後淨利也逐年增加				

項目	2013	2014	2015	2016	2017
營業收入（億元）	5,970	7,628	8,434	9,479	9,774
營業利益（億元）	2,094	2,958	3,200	3,779	3,855
稅後淨利（億元）	1,881	2,638	3,065	3,342	3,431
每股盈餘（元）	7.26	10.18	11.82	12.89	13.23

資料來源：公開資訊觀測站

至 2017 年的 3,431 億元；EPS 也從 2013 年的 7.26 元，彈升至 2017 年的 13.23 元，總成長幅度高達 82%。

因為營收與獲利的表現亮眼，所以推升台積電的股價從 2012 年 6 月的 73.8 元，一路上漲到 2018 年 1 月的高點 266 元，等於花不到 6 年的時間，股價大漲超過 260%，到了 2018 年 9 月再創高點 268 元（詳見圖 1）。

相較於台積電這幾年的大放異彩，過去曾經受惠於 HTC 產品熱賣而紅極一時的宏達電（2498），近幾年來受到各

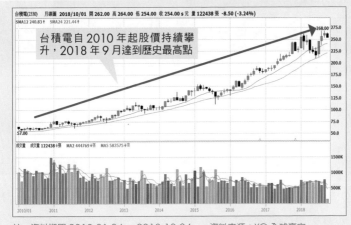

圖1 台積電股價於2018年創下268元新高

台積電（2330）2010年～2018年股價月線圖

> 台積電自2010年起股價持續攀升，2018年9月達到歷史最高點

註：資料期間 2010.01.04～2018.10.04　　　資料來源：XQ全球贏家

家手機大廠的強勢競爭，市占率節節敗退，銷售狀況更是大不如前，反映在營收表現上，就能清楚看出端倪。

宏達電自從2011年營收與獲利創下歷史新高，股價飆升至1,300元後，表現逐漸每下愈況。而且隨著營收開始一年不如一年，獲利也跟著載浮載沉，2014年的EPS還能繳出1.8元的成績單，但是，2015年卻大虧155億元，

表3　宏達電近5年的虧損幅度愈來愈大

宏達電（2498）2013年～2017年合併綜合損益表

項目	2013	2014	2015	2016	2017
營業收入（億元）	2,034	1,879	1,216	781	621
營業利益（億元）	-39	6	-142	-146	-174
稅後淨利（億元）	-132	14	-155	-105	-169
每股盈餘（元）	-1.60	1.80	-18.79	-12.81	-20.58

代表本業獲利的營業利益出現虧損，而且幅度逐漸擴大

資料來源：XQ 全球贏家

代表最後利潤的稅後淨利出現虧損，2017 年虧損高達 169 億元

EPS 暴跌至 -18.79 元，而 2017 年的稅後淨利更虧損達 169 億元，EPS 為 -20.58 元（詳見表 3）。

　　這樣的營收與獲利表現，反映在股價上自然是「跌跌不休」。宏達電的股價從 2011 年的歷史高點 1,300 元開始反轉向下，隨著 2018 年前 3 季營運持續探底，股價也呈現長空格局。如果以 2018 年 10 月最低點 30.05 元計算，累積波段跌幅達 97.7%（詳見圖 2）。

　　從台積電與宏達電的案例，投資人可以很清楚地發現，營收與獲利呈現正相關，營收愈好，稅後淨利的數字愈亮眼，而獲利長期的成長與股價上漲間也是密不可分的正相

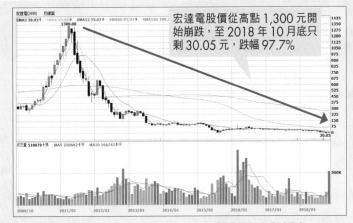

圖2 宏達電自1300元天價崩跌至30.05元
宏達電（2498）2009年～2018年股價月線圖

> 宏達電股價從高點 1,300 元開始崩跌，至 2018 年 10 月底只剩 30.05 元，跌幅 97.7%

註：資料期間 2009.10.01～2018.11.30　　資料來源：XQ 全球贏家

關（除了本夢比與人為刻意炒作之外），這是技術分析不會告訴你的真相。

接下來，我們將進一步解析，所謂的「近 5 年營業收入正成長」，真正的重點在找趨勢向上的個股，而非在意過去某一年的營收大幅飆漲，因此，最好的選擇是，過去 5 年每一年都比前一年成長，同時年複合成長率超過 10%。

營收成長與淨利成長呈現正相關，而淨利成長與股價上漲也是正相關。過去 5 年營業收入正成長主要是看出向上的趨勢，確定你買進的公司，正處於營運上升的階段，而未來營收是否能夠持續增長才是關鍵。

優選未來 3 ～ 5 年每年營收成長至少 10% 標的

如果投資人買進的個股，未來的 3 年至 5 年以上的成長幅度，能夠維持在每年 10% ～ 15% 以上的成長幅度，就是我們首選的標的，因為從歷史的經驗來看，營收成長幅度愈高，股價漲幅愈驚人。但是，如果現階段找不到符合條件的標的，退而求其次，在本益比夠低，而且殖利率高於平均值的前提下，找出營收年複合成長率約 5% ～ 10% 的股票。

再來，當投資人買進一檔股票後，可以透過每個月 10 日所公告的月營收來觀察公司目前的現況。當企業發布營收數字時，通常都會以月增率與年增率來說明當月營收的好或壞，這個時候請忽略月增率（MOM），因為很多產業都有季節淡旺季的分別。比方說，賣飲料的公司，夏天的

圖3 **裕融2014年起每月營收年增率皆成長**
裕融（9941）2014年～2018年合併營收走勢

註：資料期間 2014.01.01～2018.09.30　　資料來源：XQ全球贏家

業績一定比冬天好；相反地，開火鍋店的公司反而冬天才是旺季，因此，單看月增率有時並不能反映出企業營運現況，反倒是年增率（YOY）才是觀察每月營收的重點。

　　圖3是裕融（9941）近5年的合併營收走勢圖，可以看到它的月營收呈現穩健上揚的趨勢，仔細觀察更能發現，這家公司每月的營收都較前一年度同期成長，沒有一個月

例外。如果投資人買進這樣的公司，每個月只需要看一下當月營收的表現，只要月營收的年增率持續成長，就可以續抱。而台股符合（或接近）月營收年增率持續成長的公司，包含寶雅（5904）、統一超（2912）、桂盟（5306）等，都是值得關注的標的。

處分一次性資產對獲利反而是「短多長空」

裕融集團的營收長期穩健成長，帶動稅後淨利從 2008 年的 4 億 7,400 萬元，逐年成長至 2017 年的 23 億元，增加了 3.9 倍，換算年複合成長率將近 20%，推升股價從 2008 年的最低價 14.75 元，至 2017 年創下 128 元的最高價，漲幅高達 7.67 倍。進入 2018 年，公司的營收與獲利持續維持成長，股價更在 2018 年 4 月創下 138 元的歷史新高（詳見圖 4）。

最後再補充說明一點，讓公司淨利增加的方式有很多種，例如：匯兌收益，但是，誰知道新台幣匯率未來的走勢是升值還是貶值呢？另外，處分資產利得，雖然能一次認列大筆金額，但是賣掉就沒了吧？投資收入，要能夠可長可

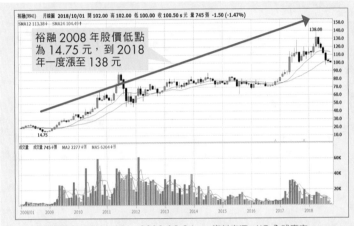

圖4 **裕融股價於2018年創下138元新高**
裕融（9941）2008年～2018年股價月線圖

註：資料期間 2008.01.02 ～ 2018.10.04　　資料來源：XQ 全球贏家

久才行。像是統一超出售上海星巴克的股權，獲利逾 210
億元，使 2017 年的稅後淨利暴增 206%，但是，換來的
勢必是未來投資收入動能的減弱。

　結論是，只有營業收入穩定成長才是王道，而使淨利成
長的其他方式，如果不能維持長期增長，對於每股盈餘持
續創新高的幫助不大，因此，以營收成長這項選股條件而

言，我會選擇買進過去營收表現優異，而且未來營收可望
持續增長的企業，而理想的狀況是，營收的年複合成長率
為 10% 以上。

投資法則摘要

1. 營業收入是觀察一家企業最優先的考量。
2. 營收成長與淨利成長息息相關，而淨利成長是股價上漲最主要的動能。
3. 觀察月營收的重點，要以年增率為主，而非月增率。
4. 讓淨利增加有很多方式，但是，只有來自營收持續成長所帶動的淨利上揚，才是真正的王道。

選股法則2》近5年稅後淨利正成長

1-2

從投資人的角度來看，首要關心的是一家公司到底能賺多少錢，不管它的營收規模有多大、毛利率有多高、費用控制是否得宜，到最後有多少錢能夠留下來成為真正的利潤，才是至關重要。而從財報的角度來看，一家公司真正的獲利數字就是「稅後淨利」。

稅後淨利之所以重要，原因在於這個數字代表一家企業的實質獲利情況，也是投資人在計算一檔股票的本益比時，不可或缺的數字，只要把稅後淨利除以普通股加權平均股數，所得到的數字就是「每股盈餘（EPS）」。

通常我們在檢視公司過去的獲利時，可以從財報的「（基本）每股盈餘」欄位查到這個數字，然而，如果想預估公司未來的每股盈餘時，投資人自己就得知道該怎麼計算。

假設有一家公司去年的稅後淨利為 5 億元，公司流通在外的普通股加權平均股數為 1 億股，換算下來，每股盈餘為 5 元，也就是代表每 1 股的獲利為 5 元。

每股盈餘＝稅後淨利 ÷ 流通在外普通股加權平均股數

假設這家公司目前的股價為 50 元，我們把 50 元除以 5 元（每股盈餘），所得到的數字為 10，代表這一檔股票現在的本益比為 10 倍。意思是指，如果股東以每股 50 元投資這家公司，而公司未來每年的每股盈餘都能保持在 5 元的水準，代表只需要花 10 年的時間，就能為股東賺回投資成本，因為 5 元乘以 10 年等於 50 元（股價）。投資人只要計算出本益比，就能初步評價一檔股票目前是否處在合理的範圍內。

本益比＝股價 ÷ 每股盈餘（EPS）

稅後淨利除了是計算每股盈餘與本益比不可或缺的重要數字之外，更是攸關現金股利發放多寡的關鍵。基本上，大部分的公司只要現金流量的狀況良好，通常股利的配發

與每股盈餘是息息相關。假設一家企業過去每年的配息率
維持相同的水平,當稅後淨利增加並且進一步推升每股盈
餘成長時,可以預期股利增加的幅度,應該會接近每股盈
餘成長的幅度。

著重稅後淨利的「成長性」而非「爆發性」

稅後淨利是成長股投資人最重要的觀察指標之一,這個
數字能讓我們對公司的賺錢能力一目了然。但是,需要注
意的是,在觀察稅後淨利時,投資人應該要著重在企業能
否維持長期的獲利能力,而不是短暫一個年度或一個季度
的暴增,因此重點應該擺在長期趨勢上。

投資人觀察稅後淨利的趨勢,至少要以 5 年作為評斷的
標準,因為 5 年差不多是一個景氣循環的週期。如果一家
企業過去 5 年的淨利都可以穩定增長,代表該公司的經營
能力比其他公司來得穩健,而非只是湊巧搭上景氣成長的
順風車,才使得淨利突然在短時間內暴增。

在這樣的條件下,無論是景氣循環股、轉機股、短線熱

表1　寶雅近5年營收與獲利顯著成長

寶雅（5904）2013年～2017年合併綜合損益表

項目	2013	2014	2015	2016	2017
營業收入（億元）	72.49	91.68	106.90	124.20	132.60
稅後淨利（億元）	5.60	7.70	9.50	11.70	14.30
每股盈餘（元）	6.03	8.22	10.00	12.13	14.63
加權平均股本（億元）	9.27	9.40	9.52	9.64	9.77

資料來源：XQ 全球贏家

門股、新上市掛牌股等，只要公司不符合近 5 年稅後淨利穩定成長的條件，都不會是我們考慮的標的。

當然，過去的成績不代表未來的獲利，但是，根據過往經驗，我發現過往營運績效的好壞，的確具備一定程度的參考價值。過去表現良好的企業，未來持續有好表現的機率，遠大於過去表現差勁的企業。

寶雅（5904）是家南部起家的美妝生活用品專賣店，這幾年公司拓展快速，全國總店數從 2011 年的 64 家，大

圖1 財報表現亮眼，寶雅股價創488元高價

寶雅（5904）2012年～2018年股價月線圖

註：資料期間 2012.01.02 ～ 2018.10.08　　資料來源：XQ 全球贏家

幅成長至 2017 年底的 177 家，加上毛利率增加與營業費用控制良好，使得淨利、盈餘均呈現逐年、逐季走高（詳見表 1），其中，稅後淨利已經連續成長超過 8 年。以 2013 年至 2017 年的資料來看，寶雅的稅後淨利從 5 億 6,000 萬元左右，成長至 14 億 3,000 萬元左右，年複合成長率高達 27%，堪稱是台股近 10 年來最強的小資女概念股。

　　隨著寶雅稅後淨利大幅成長，每股盈餘也隨之攀升，2017 年為 14.63 元，相較於 2013 年的 6.03 元，大幅上升了 1.42 倍；股價也從 2012 年初約 35 元，強漲至 2016 年歷史高價 488 元（詳見圖 1），只用了不到 5 年，股價暴漲了 12.9 倍。

中鋼獲利長期不穩定，造成股價持續低迷

　　我們再來看一下，深受一般散戶喜愛的中鋼（2002），過去這幾年的股價表現。投資人可以發現，對照於過去幾年寶雅的股價翻倍再翻倍，中鋼的股價明顯疲弱許多（詳見圖 2）。即便不與寶雅相比，而是與加權指數做比較，中鋼近年來的走勢還是遠遠落後大盤一大截。

　　中鋼 2013 年年初的股價波段高點在 28.4 元，經過逾 4 年的時間，股價依舊在 23 元至 25 元附近徘徊。同時間，加權指數從 7,800 點左右，上攻至 2018 年年底的 1 萬 1,000 點左右，漲幅高達近 41%。

　　很多投資人應該都買過中鋼，尤其是以存股為主的股民

圖2 **中鋼股價表現低迷，最低跌到16.75元**
中鋼（2002）2011年～2018年股價月線圖

註：資料期間 2011.01.03 ～ 2018.10.08　　　資料來源：XQ全球贏家

們。我印象很深刻，好幾年前有一個財經節目主持人，提及她的母親買了很多中鋼的股票，出國旅遊都是靠中鋼的股利支付，因此戲稱是「中鋼招待」。

　那是原物料股的美好時代。在 2008 年金融海嘯之前，全球原物料行情受惠於中國市場強勁的需求而飆升，身為台股鋼鐵類股龍頭地位的中鋼，營運自然也跟著水漲船高，

2007 年每股盈餘來到 4.49 元，股價一度大漲至 54.4 元。不過好景不常，當全球景氣開始降溫，包括中鋼在內的大部分景氣循環股，營運都開始走下坡。

對於聚焦成長股的投資人來說，憑中鋼過去的獲利績效，無法被我們納入投資名單，如果你問我對中鋼的看法，我甚至不覺得這是一檔適合存股的標的。我只能告訴你，我不會考慮買進的主要原因，是中鋼起伏不定的獲利表現，從它歷年的成績，我觀察不到任何成長趨勢。

原物料產業屬景氣循環股，營運隨景氣榮枯變化

表 2 是中鋼近 7 年的年度綜合損益表，我們可以發現，它的獲利表現並不穩定：2011 年至 2017 年這 7 年間，其中 2012 年、2015 年的稅後淨利數字，都呈現大幅衰退。中鋼在 2011 年賺了 194 億元，到了 2012 年卻只剩下 58 億元，而 2014 年的稅後淨利創了近年新高的 221 億元，2015 年又掉到只剩下 76 億元。從過去幾年的獲利成績，我們看不出它有何明顯的成長趨勢，預估未來勢必也難上加難。

表2 中鋼為原物料產業，稅後淨利波動大

中鋼（2002）2011年～2017年合併綜合損益表

項目	2011	2012	2013	2014	2015	2016	2017
營業收入（億元）	4,010	3,583	3,478	3,665	2,850	2,930	3,470
稅後淨利（億元）	194	58	159	221	76	160	169
每股盈餘（元）	1.36	0.39	1.05	1.43	0.49	1.04	1.09
加權平均股本（億元）	1,426	1,496	1,511	1,541	1,541	1,541	1,542

資料來源：XQ全球贏家

　　造成中鋼稅後淨利不穩定的主因，來自於它所屬的原物料產業，深受景氣榮枯的影響。嚴格來說，中鋼在原物料類股中獲利相對穩定，有些規模較小的二線公司，甚至在原物料走勢不佳時呈現虧損。正因為原物料類股受景氣波動影響甚鉅，所以長期以來，法人給它們的本益比，常常低於市場平均值，自然也不會受到成長股投資人的青睞。

　　身為成長股的投資人，我們會選擇買進近5年稅後淨利正成長的公司，避開過去獲利大起大落的企業，以降低踩到地雷股，以及景氣突然反轉向下導致獲利大幅虧損的機

會。如果投資人看好一檔股票未來的成長性，最多能接受過去 5 年中，有一個年度比前一個年度衰退，但是年複合成長率最少要 5% 以上。

最後，或許有人會問，為何不單看每股盈餘就好，最主要的原因是每股盈餘容易失真，例如：公司辦理現金增資、減資、配發股票股利、發行可轉換公司債等措施，都會使得公司的股本增加或減少，連帶影響每股盈餘的變化。因此，只看每股盈餘很容易模糊焦點，我們必須以「稅後淨利為主，每股盈餘為輔」的觀察方式，才能夠洞悉全貌。

投資法則摘要

1. 對投資人而言，最重要的是企業的獲利能力，而代表一家企業的獲利數字就是「稅後淨利」。
2. 買進近 5 年稅後淨利正成長的公司是我們的首選，因為可以避開過去獲利大起大落的企業，以及降低踩到地雷股的機會。
3. 短期淨利暴增的公司，例如：景氣循環股、轉機股、短線熱門股等，只要不符合近 5 年稅後淨利正成長，都不會是我們考慮的標的。
4. 每股盈餘容易失真，觀察企業獲利成長應該以稅後淨利為主。

選股法則3》
本益比低於15倍

1-3

本益比（PE）在所有評估投資價值的公式中，算是相對
簡單又容易使用的一種。本益比是指投資本金與收益之間
的比值，在正常的情況下，本益比愈低時買進股票，對投
資人愈有利。

低本益比具保護效果，無懼市場修正帶來的損失

本益比可以視為股東回收投資本金的年數，本益比愈低，
代表回收的速度愈快。假設有一檔股票的每股盈餘為10
元，股東以每股100元的資金投入，換算下來，本益比為
10倍。如果公司未來每年都能穩定賺10元，代表只需要
10年的時間，股東就能回收100元的本金。但是，如果
這檔股票的股價是200元，本益比為20倍，而且每股盈
餘維持每年10元，代表需要20年的時間，才能賺回本金。

　　假設有 3 家公司進行比較，它們的每股盈餘均相同，僅有股價不同，就會產生不同的本益比，投資人應該選擇哪一檔股票呢？

　　在 3 家公司每年的每股盈餘皆不變的情況下，投資 A 公司只需要 10 年即可回本、B 公司需要 20 年、C 公司需要 30 年。換個角度來看，我們把每股盈餘除以股價，相當於投資 A 公司的年投資報酬率為 10%，B 公司為 5%，C 公司只有 3.33%。毫無疑問的，我們會選擇買進 A 公司的股票，因為每年投資報酬率較高，可以在較短的時間內回本（詳見表 1）。

　　觀察台股的歷史本益比，在 1987 年至 2002 年這 16 年間，平均本益比達 32 倍，其中有 4 年的本益比更高達 40 倍以上，那是台灣經濟飆速成長的輝煌年代。

　　但是，近幾年因為經濟動能不復過往，國內生產毛額（GDP）增長的速度，從過去每年 6% ～ 8%，衰退到最近幾年只能勉強保一保二（1% ～ 2%），也使得台股上市公司的本益比面臨下修。即使大盤在 2018 年 1 月～ 8 月不

表1 **獲利能力相同，低本益比享有較高報酬**
以3家公司每年的每股盈餘相同為前提

公司	目前股價	每股盈餘	本益比	每年投資報酬率
A	100元	10元	10倍	10.00%
B	200元	10元	20倍	5.00%
C	300元	10元	30倍	3.33%

註：投資報酬率計算方式為每股盈餘／目前股價×100%

時站上 1 萬 1,000 點，但是，根據證交所的資料顯示，這段期間上市公司的平均本益比僅 15.4 倍，遠低於過去動輒逾 30 倍的水準。

雖然近年來台灣的經濟表現不甚理想，但是往好處想，台股即便是上萬點，也因為市場本益比不高，使得大盤大幅崩跌的機率相對降低。

我偏好買進本益比低於市場平均值的股票，從過去的投資經驗來看，大約是本益比低於 15 倍，甚至接近 10 倍左右的個股。當企業獲利符合預期時，能夠享受股價大幅上漲所帶來的利潤；當企業獲利不如預期時，則會產生很好的保護傘功能。我們所投資的個股，比較不會在本益比大

幅修正所造成的急殺時損失慘重，這是因為我們所持有的股票，其本益比原本就低於市場的平均水準，因此，沒有多少投資人期待這檔股票會一飛沖天，自然也就不會湧現失望的賣壓。

個股出現極低本益比，須探究原因以免錯估股價

看到這裡，你或許心想，既然本益比愈低愈好，是不是只要找市場最低的本益比，比方說 3 倍或 5 倍，不就能輕鬆賺大錢嗎？事實上，絕大部分的股票很少有 3 倍到 5 倍的本益比，除非是以下幾種特別的情況：

第一種情況是出現股市崩盤的系統性風險時。例如：2000 年的網路泡沫或 2008 年的金融風暴，市場在極度恐慌下，大家也不管手上的股票營運表現如何，先砍了再說，當時很多好公司的股票，本益比跌破 10 倍以下的比比皆是。

第二種情況是認列一次性業外收益。例如：企業出售非流動資產（土地、廠房）所獲得的收益，或出售轉投資公

司股票所獲得的獲利。最好的例子就是潤泰全（2915）、潤泰新（9945）於 2017 年處分手中高鑫零售（中國大潤發）的股權後，獲利大幅增加。

潤泰全與潤泰新 2017 年全年的每股盈餘分別暴增至 15.15 元與 6.91 元，換算下來，本益比分別只有 3.7 倍與 4.9 倍。但是，賣掉高鑫零售之後，公司 2018 年開始也不再有來自中國大潤發的獲利貢獻，少了長期的業外獲利，潤泰雙雄未來的獲利動能勢必受到影響。

第三種情況是公司雖然有獲利，但是，市場投資人不看好公司的未來性，導致本益比偏低。這樣的情況最容易出現在景氣循環股，例如過去幾年的營建股，從獲利狀況來看，其實表現並不差，但是，因為市場普遍看壞房市，所以一些績優的營建股，即便本益比只剩下 7 倍或 8 倍，仍然乏人問津。

低本益比並不代表價值一定被低估，尤其是那些本益比低到不可思議的股票，通常不是企業本身有些問題，不然就是有一次性的業外收益認列所造成，畢竟市場在大部分

的時間還算是有效率，如果價格背離價值太多，馬上就會吸引市場資金大舉進場。

投資人不能奢望用 3 倍的本益比買到儒鴻（1476），或以 5 倍的本益比布局台積電（2330），那是不切實際的事。在正常的情況下，公司的營運績效與本益比的高低是成正比。一家公司的獲利能力愈好，市場給予的本益比愈高。

優質公司股價遭市場低估，就該找尋進場機會

因此，當投資人發現一檔擁有一流產業競爭力的公司，股價受到市場低估，你就應該要留意買進的時機了。如果你算出的本益比低於 15 倍，甚至往 10 倍靠攏，你或許就可以考慮出手，因為不管怎麼算，這都是一場贏面很大的戰局。

比方說，半導體晶圓製造龍頭廠台積電，憑藉著先進製程與客戶服務，囊括了全球約一半的市占率。如果說台積電是台灣歷年來最具產業競爭力的企業，我想應該不會有

太多人有異議。當台積電的股價隨著股市大幅回檔而出現重挫時，往往提供了價值型投資人長線布局的好時機。

2015 年台積電股價從年初的高點 155 元一路下跌，跌勢長達半年，股價最低來到 112.5 元，波段跌幅接近 3 成。如果以台積電 2014 年每股盈餘 10.18 元來計算，本益比大約只有 11 倍（112.5 元 ÷ 10.18 元）。以公司高層對外發布的消息來看，公司的未來性與產業前景依舊保持正面，11 倍的本益比對台積電來說，顯然是過於委屈了。

從台積電的走勢圖來觀察，股價的下跌提供了一次絕佳的買點，我們不追求買在最低點，因為那樣太不切實際，取而代之的是採取分批布局的方式：股價來到 130 元時，本益比約 13 倍，進場買一些；股價跌破 120 元時，本益比只剩下不到 12 倍，再進場加碼；股價接近 10 倍本益比時，代表未來潛在的投資報酬率提高，只要股價繼續下探，有多餘的資金就應該持續買進。

後來，台積電的股價從 2015 年 8 月底的 112.5 元開始吹起反攻號角，一路上漲至 2018 年 1 月的歷史新高

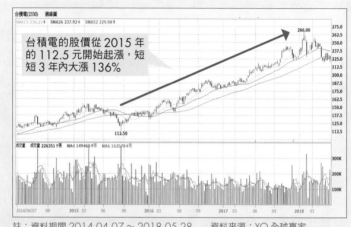

圖1 台積電的股價在3年內飆漲逾1倍
台積電（2330）2014年～2018年股價週線圖

台積電的股價從 2015 年的 112.5 元開始起漲，短短 3 年內大漲 136%

266.00

112.50

註：資料期間 2014.04.07 ～ 2018.05.28　　資料來源：XQ 全球贏家

266 元，換算下來，波段漲幅超過 1 倍，高達 136%（詳見圖 1）。

　　總而言之，我們的目標是盡可能在「合理範圍內」，找尋現階段價值被低估的個股，主要的用意是降低持股成本與投資風險。因此，買進本益比不超過 15 倍，甚至接近 10 倍左右的個股，是我們的首要選擇。

　　最後，再補充一點，只有一種情況可以買進本益比超過
15 倍以上的個股，就是公司的成長性超乎預期得高，遠勝
市場絕大多數的股票。不過，能夠長期維持高成長的企業
不多，除非你對公司的產業前景研究得透徹又有把握，不
然很有可能會買在相對高點。

投資法則摘要

1. 在一般情況下，本益比愈低對投資人愈有利，代表回收本金的速度
   愈快。
2. 選擇本益比低於 15 倍的標的，一旦企業獲利不如預期時，就會有
   很好的保護傘功能，不會因為股價大幅修正而損失慘重。
3. 本益比低到不可思議的股票，通常不是認列一次性的業外收益，就
   是企業本身有遭遇一些問題，需要特別注意。
4. 在企業具備高成長性的情況下，可以考慮買進本益比高於 15 倍以
   上的個股，但是務必先做好功課，否則極有可能會買在高檔。

1-4 選股法則4》 股東權益報酬率15%以上

　　一家企業最重要的是獲利能力，而獲利能力不能只單看賺進多少的淨利，還要看投入多少的資金。在財務比率分析當中，最常使用的兩項觀察指標就是「資產報酬率」（Return On Assets，簡稱 ROA）與「股東權益報酬率」（Return On Equity，簡稱 ROE）。

ROE 愈高，代表愈能有效運用股東資金賺利潤

　　其中，股東權益報酬率是股神巴菲特（Warren Buffett）很重視的一項指標，重要程度幾乎與每股盈餘不相上下，它能看出一家企業運用股東資金創造獲利的效率，股東權益報酬率愈高，代表企業為股東賺取利潤的能力愈強。

　　在進一步了解股東權益報酬率之前，我們先來簡單了解

資產與股東權益的關聯。一家公司的總資產,一定會等於「負債＋股東權益」。負債主要來自於借款,股東權益(又稱為淨值)則是來自於全體股東的資金,這兩種資金讓公司得以取得營運所需的所有資產。

如果公司愈能有效運用資產來賺錢,代表資產報酬率愈高。假設 A 公司的總資產為 10 億元,每年能夠創造 2 億元的稅後淨利,換算下來,資產報酬率高達 20%(2 億元÷10 億元×100%),代表只要 5 年的時間,A 公司的資產就能翻 1 倍。另外,B 公司同樣也可以每年淨賺 2 億元,然而,它的總資產卻高達 100 億元,換算下來,資產報酬率只有 2%,代表得要 50 年的時間,B 公司的資產才能翻 1 倍。顯而易見,B 公司在資產的運用上有很大的問題,可能是閒置資產太多或產能利用率過低。

資產報酬率＝稅後淨利 ÷ 總資產 ×100%

而資產報酬率與股東權益報酬率不同之處在於,前者是用企業所投入的總資產來計算;後者只用股東所投入的資金來計算(總資產扣除負債)。例如:Z 公司的總資產為

10 億元，當中有 4 億元來自於負債，扣除負債後所剩下的股東權益為 6 億元。如果它今年的稅後淨利為 2 億元，換算下來，股東權益報酬率為 33.3%（2 億元 ÷6 億元 ×100%）。

股東權益報酬率＝ 稅後淨利 ÷ 股東權益 ×100%

我們再用一個容易理解的說法，來解釋資產報酬率與股東權益報酬率的基本概念。假設你去年拿出 100 萬元的資本來投資股票，經過一整年的時間，帳戶的股票市值加上股利所得，讓原先投入的 100 萬元增值為 120 萬元，而增加的 20 萬元就是你的投資獲利。20 萬元除以 100 萬元乘以 100%，換算下來，你的投資報酬率為 20%，也代表你的 ROA 為 20%。

但是，如果原先的 100 萬元裡面，只有 50 萬元是自有資金，另外 50 萬元是來自於借貸，20 萬元除以 50 萬元乘以 100%，換算下來，ROE 高達 40%。

因此，如果一家企業每年的股東權益報酬率都能維持優

異的表現，就代表該企業的股東權益（淨值）不斷攀升，
當然也就成為股價上漲的最主要動能。

ROE 連 5 年達 20%，台股僅 3% 公司做到

不過，想要維持 ROE 長期高水準的表現，並不是一件容
易的事。以台股上市櫃合計超過 1,600 家企業來看，過去
5 年（2013 年～ 2017 年）ROE 都維持在 20% 以上的
公司，大約只有 50 家左右，占比僅 3%。

如果我們把 ROE 條件設在更嚴格的 30% 以上，則只剩
下 7 家公司，分別為統一超（2912）、南亞科（2408）、
旭隼（6409）、葡萄王（1707）、大立光（3008）、
億豐（8464）、精華（1565）等。這些個股的共同點是，
股價幾乎都在百元以上，而且從長期的角度來看，它們也
幾乎都呈現大漲的格局。

例如：股王大立光這些年的獲利表現非常突出，不僅
2017 年的每股盈餘高達 193 元，過去 5 年的平均股東
權益報酬率也有 38.8%（詳見表 1），無論是從 EPS 還

表1　**近5年大立光的ROA與ROE都亮眼**

大立光（3008）2013年～2017年ROA與ROE表現

項目	2013	2014	2015	2016	2017	5年平均
ROA（%）	27.5	39.0	33.3	25.1	24.4	29.9
ROE（%）	36.0	50.7	44.1	32.4	30.7	38.8

資料來源：XQ 全球贏家

是 ROE 來看，所繳出來的成績都是台股中數一數二的資優生，也因此推升大立光的股價在 2017 年來到史無前例的 6,075 元天價（詳見圖 1）。如果從 2009 年的起漲點 167 元計算，股價漲幅超過 35 倍。

優先選擇近 4 季 ROE 合計達 15% 以上標的

因此，我會選擇買進股東權益報酬率高於市場平均值的股票，條件為近 4 季合計的 ROE 至少達 15% 以上。在選股策略上，我會觀察該企業過去至少 5 年的 ROE 表現，最理想是以下兩種情況：

第一種情況是過去幾年的 ROE 表現維持穩定，年度平均有 12% 至 15% 以上的水準。

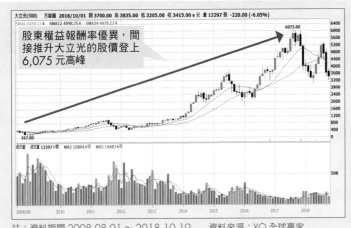

圖1 **大立光股價於2017年漲至6075元**
大立光（3008）2008年～2018年股價月線圖

> 股東權益報酬率優異，間接推升大立光的股價登上6,075元高峰

註：資料期間 2008.08.01 ～ 2018.10.19　　資料來源：XQ 全球贏家

第二種情況是 ROE 原本不高，或許只有 8% 到 10%，但是呈現逐年成長的態勢，並且預估不久的未來，ROE 可以成長至 15% 至 20% 以上。

在正常的情況下，通常第二種情況會比第一種情況更吸引我，原因是根據過往經驗，如果 ROE 能每年（甚至每季）呈現顯著的增長，往往伴隨而來的是股價持續向上。

表2	儒鴻ROE緩步上升，2015年逼近40%

儒鴻（1476）2007年～2015年ROA與ROE表現

項目	2007	2008	2009	2010	2011	2012	2013	2014	2015
ROA（%）	8.7	4.8	9.0	16.3	21.0	20.8	24.4	22.1	25.8
ROE（%）	13.3	6.8	12.9	22.8	29.2	32.8	37.3	34.2	39.3

註：2012 年～ 2015 年數據取自合併財報　　資料來源：XQ 全球贏家、公開資訊觀測站

　　舉例來說，儒鴻（1476）在 2008 年金融風暴時，ROE 一度只剩下個位數，但是，隨著公司產品競爭力逐漸進入軌道，獲利開始呈現逐年成長，ROE 也跟著水漲船高，至 2015 年，ROE 達到快 40% 的水準（詳見表 2），因此推升股價衝上 549 元的歷史天價。如果從 2008 年波段最低點 8 元計算，累積漲幅高達 67 倍（詳見圖 2）！

留意 ROE 成長來源，檢視時應和負債一起比較

　　當投資人找到一檔 ROE 符合條件的個股，你需要再做一件事，就是確定 ROE 的增長是來自於公司獲利的提升，而不是負債的增加。在觀察股東權益報酬率的同時，務必搭配負債比一同檢視，正常的情況下，負債比最好不要超過

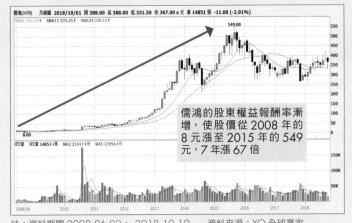

圖2 **儒鴻股價從8元起漲，7年上漲67倍**
儒鴻（1476）2008年～2018年股價月線圖

儒鴻的股東權益報酬率漸增，使股價從 2008 年的 8 元漲至 2015 年的 549 元，7 年漲 67 倍

註：資料期間 2008.06.02 ～ 2018.10.19　　資料來源：XQ 全球贏家

50%，盡可能選擇負債比較低的企業。當負債比過高時，雖然 ROE 會受惠於企業的高財務槓桿操作，使得股東權益報酬率的數字變得亮眼，但是，背後可能隱藏的是過度舉債的營運風險。

另外，投資人也要注意幾個特殊現象，例如：業外收益增加，包括處分固定資產、匯兌收益等，都有可能讓 ROE

在短期內飆升，但是，這些業外所帶來的一次性獲利，對於長期股東權益報酬率的增長其實沒有太大的幫助。

根據我個人的經驗，股東權益報酬率與股價的走勢，幾乎呈現明顯的正相關，有時候相關性甚至不亞於每股盈餘的成長。一般來說，只要股東權益報酬率能持續增長，股價自然也不會寂寞。而當你買進後，請密切注意股東權益報酬率的變化，當股東權益報酬率每年或每季都呈現顯著的成長，千萬別隨便賣股。

投資法則摘要

1. 股東權益報酬率可以看出一家企業運用股東資金所創造的獲利效率。股東權益報酬率愈高，代表企業為股東賺取利潤的能力也愈高。
2. 選擇買進股東權益報酬率大於 15% 的個股，並且檢視過去 5 年 ROE 的表現是否穩健成長。
3. 觀察一家企業的股東權益報酬率時，可以搭配產資報酬率與負債比一同檢視，盡可能選擇負債比低於 50% 以下的企業。
4. 股東權益報酬率與股價走勢呈現正相關，只要 ROE 持續增長，股價自然容易上漲。當 ROE 逐年成長時，千萬別輕易賣股。

選股法則5》
毛利率15%以上

1-5

如果只能從一項指標檢視公司產品是否具有競爭力，我會選擇看「營業毛利率」（以下簡稱毛利率）。毛利率是衡量獲利能力與控制成本能力的重要指標，通常一家企業的毛利率愈高，代表獲利能力與控制成本能力愈強，其公式為：

$$營業毛利率 = \frac{營業收入 - 營業成本}{營業收入} \times 100\%$$

從綜合損益表的角度來看，營業收入減掉營業成本等於毛利，毛利再扣除營業費用後，便是營業利益，而營業利益代表這家企業靠本業營運所賺取的利潤。當營業收入與營業毛利愈來愈多時，自然也就會促使營業利益向上攀爬，進而提高稅後淨利和每股盈餘。

如果營運項目屬於寡占市場，或者所生產的產品屬於市面上的強勢商品，具備這些優勢的企業，其毛利率表現普遍會優於平均水準，因此，我在篩選股票時，會優先從高毛利的產業下手。

高毛利代表有競爭優勢，較能避開產業惡性競爭

高毛利代表該產業具備優異的競爭優勢，優勢可能來自於產業的技術門檻，或者是屬於獨占市場。而且，相較於低毛利的產業，高毛利的產業更能避開惡性競爭所導致的削價策略。

舉例來說，潤泰集團旗下、台灣醫療廢棄物處理龍頭日友（8341），因為具備有害廢棄物清運、焚化、固化、物化等處理廠，加上有效整合上、中、下游一條龍式的專業服務，同時掌握研發、設計、系統改良等全方位技術，所以在醫療廢棄物領域占有極高的市占率。

由於獨一無二的競爭優勢，因此，日友的毛利率年年增長，從 2012 年大約 4 成，至 2016 年已經突破 6 成，成

表1 日友毛利年年成長，帶動稅後淨利大增
日友（8341）2012年～2017年獲利表現

項目	2012	2013	2014	2015	2016	2017
營業收入（百萬元）	597	1,096	1,246	1,625	1,816	1,904
毛利率（%）	40.8	43.1	50.1	56.4	58.0	63.8
稅後淨利（百萬元）	89	266	304	514	614	784
每股盈餘（元）	1.17	2.66	3.04	4.71	5.50	7.03

日友的營收與毛利率雙雙成長，使稅後淨利從2012年8,900萬元，揚升至2017年7億8,400萬元

註：營業收入與稅後淨利以百萬元為單位，採四捨五入至整數　資料來源：XQ全球贏家

長幅度高達56%，加上過去幾年公司營收持續成長，每股盈餘（EPS）也從2012年的1.17元，一路成長至2017年的7.03元（詳見表1）。

　進一步觀察後我們可以發現，2012年至2017年，日友的營收年複合成長率為26%，稅後淨利的年複合成長率則為54%，年成長幅度是營收的2倍以上。公司能有如此優異的獲利表現，主要原因是毛利率不斷提升，使得EPS在過去幾年內大幅增長，年複合成長率高達43%。

因為具備高度的成長性，所以日友的股價自 2014 年底的 48 元左右一路上漲，最高漲至 2017 年 11 月的 273 元（詳見圖 1），不到 3 年的時間上漲超過 4.6 倍。如果以 2017 年日友每股盈餘 7.03 元計算，等於市場給予日友將近 39 倍的本益比。

從日友的案例，我們可以看出，一家企業毛利率的提升對於獲利成長的重要性，而獲利成長正是推升股價最重要的引信。只要營收不斷成長，加上毛利率持續提高，股票就有源源不斷的上漲動力。

營收＋毛利率皆走升，是維持高淨利的雙引擎

據我所知，有些投資人太過於重視營收的成長性，而忽略毛利率的重要性。雖然營收成長很重要，但是，只有極少數企業能夠長時間維持在每年 30% 以上的成長，比較理想的是年複合成長率在 10% 至 20% 之間，並且配合毛利率的持續走升，可使公司的淨利維持高檔不墜。

關於毛利率的變化對於企業獲利的影響，我曾經試算過，

圖1 日友股價3年漲4.6倍,最高達273元
日友(8341)2014年~2018年股價週線圖

註:資料期間 2014.11.03 ～ 2018.10.19　　資料來源:XQ全球贏家

假設有一家企業,營收比前一年度年成長10%,而毛利率從原來的10%提升到12%,也就是增加2個百分點,亦即成長幅度20%,在其他的會計科目(例如:營業費用率、業外收支、所得稅率等)均維持不變的情況下,你覺得稅後淨利會增加多少? 20%? 30%?答案是50%以上!為了方便說明,我以表2為範例,比較毛利率增加對於淨利的影響:

假設有一家企業在 2016 年的營收是 10 億元，扣除銷貨成本後，營業毛利為 1 億元，毛利率 10%，再減去營業費用、加上業外收入，接著扣掉所得稅，最後產出的稅後淨利為 4,000 萬元。

假設這家公司 2017 年的營收成長 10%，達 11 億元，而毛利率成長到 12%，較前一個年度增加 2 個百分點，營業毛利為 1 億 3,200 萬元。營業費用隨著營收的增長，也按照相同的比率增加 1 成。營業外收入與前一個年度相同，所得稅費用也一樣設定在 20% 的情況下，稅後淨利則會大幅提升至 6,100 萬元，較前一個年度成長達 52.5%。

不同產業毛利率差異大，應找同類股比較才精準

從上述範例顯示，我們可以了解毛利率變化對於稅後淨利增減具有關鍵性的影響。雖然毛利率愈高愈好，但是，需要注意的是，不同產業的毛利率差異極大。比方說，證券業的平均毛利率高達 80% 以上，而電子代工廠的毛利率往往只有個位數，因此，拿統一證（2855）與鴻海（2317）的毛利率比較，根本沒有任何意義。

表2 毛利率多2個百分點，稅後淨利增52%

毛利率變化與稅後淨利成長之比較

會計科目	2016年度		2017年度		
	金額 （百萬元）	占營收比重 （％）	金額 （百萬元）	占營收比重 （％）	成長幅度 （％）
營業收入	1,000	100.0	1,100	100.0	10.0
營業成本	900	90.0	968	88.0	7.6
營業毛利	100	10.0	132	12.0	32.0
營業費用	60	6.0	66	6.0	10.0
營業利益	40	4.0	66	6.0	65.0
營業外收入及支出	10	1.0	10	0.9	0.0
稅前淨利	50	5.0	76	6.9	52.0
稅後淨利	40	4.0	61	5.5	52.5

註：本表假設營業費用率、業外收支、所得稅率均不變

　雖然統一證 2017 年的毛利率高達 86%，但是，營業費用率卻也高達 5 成。反觀鴻海 2017 年的毛利率雖然只有 6.4%，但是，公司身為全球電子產品的代工龍頭，規模與競爭力卻是業界數一數二。

　因此，在運用毛利率這個條件時，務必找尋同一個產業裡表現相對突出的個股，最好是產業裡毛利率最佳或次佳

的企業。2017 年半導體晶圓製造廠台積電（2330）的毛利率接近 50%，而競爭對手聯電（2303）的毛利率卻不到 20%，經營績效即刻高下立判。

透過毛利率篩選標的，可避開景氣循環股

最後，透過毛利率的篩選還有一個好處，就是能夠讓我們避開景氣循環股。所謂的景氣循環股，是指營運表現容易受到景氣好壞而產生劇烈波動的個股：當景氣好的時候獲利出色，一旦遭遇景氣快速反轉，業績也會跟著瞬間跌落谷底。例如：鋼鐵、航運、營建、造紙等族群，都容易受到景氣榮枯的影響，這些族群有一個共同的特徵，就是毛利率很不穩定，最明顯的例子就是近幾年的航運股。

散裝航運股四維航（5608）是典型的景氣循環股。在 2008 年之前，因為全球景氣熱絡，所以四維航的 2008 年第 2 季的單季毛利率，最高曾經達 60%，但是，隨著美國發生金融風暴，加上 2012 年爆發歐債危機，使得全球經濟疲弱，代表運費指標的「波羅的海綜合指數（BDI）」持續破底。

圖2 四維航股價持續破底，最低來到7.03元
四維航（5608）2006年～2018年股價月線圖

註：資料期間 2006.10.02～2018.10.19　　資料來源：XQ全球贏家

　　不僅如此，在產業供給大於需求的狀況下，四維航的毛
利率節節敗退，2012年毛利率僅剩下10.56%，到了
2016年毛利率則繳出-16.96%的成績。

　　對照四維航股價走勢從2007年高點82元，一路走跌
至2018年僅剩下7.03元（詳見圖2），累積跌幅高達
91.4%，自然也就不令人感到意外了。

　　其實，不只是四維航，幾乎大部分的景氣循環股都有類似的情況，因此，投資成長股要盡量避開那些難以預估後市的產業，同時選擇買進過去 5 年平均毛利率在 15% 以上，以及未來毛利有機會持續走升的個股，這就會是我們的首選。

投資法則摘要

1. 毛利率是衡量獲利能力與控制成本能力的重要指標，通常一家企業的毛利率愈高，代表公司產品愈具競爭力。
2. 除了營收成長之外，如果能搭配毛利率的不斷提高，就能夠發揮相乘的作用，讓稅後淨利有機會大幅成長。
3. 不同產業的毛利率差異極大，因此跨產業的比較沒有太大的意義，找出該產業毛利表現相對優異的企業才是重點。
4. 景氣循環股的營運績效容易隨著景氣大起大落，加上未來獲利難以預料，不符合成長股的買進條件；而透過長期毛利率的篩選，可以避開這些難以預估後市的產業。

1-6 選股法則6》近5年現金股利正成長

投資股票的獲利方式有兩種：一種是低買高賣所獲取的資本利得，一種是來自於企業每年所配發的股利所得。雖然對於聚焦成長股的投資人來說，最主要的獲利是來自於股價不斷上漲的倍數利潤，但是，穩定且持續增加的現金股利同樣也不可或缺。

「近5年現金股利正成長」是我新納入的選股法則，一檔能夠持續增加股利發放的股票，具備許多優勢，其中最重要的是，根據過去的經驗顯示，當一檔股票的現金股利一年比一年增加時，股價的走勢往往會愈墊愈高。

雖然大部分的投資人最關心的是，每股盈餘是否能成長，但是，有時候1年、2年的盈餘成長，股價未必有明顯的反應，因為短暫的獲利增加，不一定代表能夠轉換成股利，

並且實質回饋到股東身上。尤其是，對法人機構與部分重視固定收益的投資人而言，穩健的配息與未來現金股利能否逐年增加，比每股盈餘的增長更加重要。

現金股利持續增加，顯示公司為產業中佼佼者

能夠持續每年增加現金股利的公司，通常具備一些條件，其中，獲利不斷成長是基本配備，不過，公司的自由現金流量也必須維持良好，加上企業不需要大量資本支出，才能讓現金股利逐年提高。因此，投資人也可以倒過來看，如果一檔股票過去的現金股利持續增加，同時維持高於市場平均的配息率，代表這家企業過去幾年，不管在淨利的成長、自由現金流的運用等，應該都在一定的水準之上。

舉例來說，連接線廠信邦（3023），原本的主要業務是電子零組件製造代工，其中以NB（筆電）的連接器為大宗，不過，2009 年後開始逐步轉型，現在已經成為橫跨綠能、醫療、車用等產業的全方位電子產品研發製造廠。

信邦自 2009 年到 2017 年，每股盈餘連續 9 年成長，

圖1 **信邦的現金股利8年成長300%**
信邦（3023）歷年股利政策

> 2009 年信邦現金股利配發 1 元，此後除了2011 年之外，現金股利年年成長，2017 年已經提升至 4 元

股票股利　現金股利

單位：元

2003 '04 '05 '06 '07 '08 '09 '10 '11 '12 '13 '14 '15 '16 '17

註：年度為股利所屬年度　　資料來源：XQ 全球贏家

同時具備良好的財務結構，現金股利也隨之增加：2009年的現金股利是 1 元，一直到了 2017 年成長為 4 元，成長了 300%（詳見圖 1）！公司的股價也從 2008 年的最低點 7.14 元，一路上漲到 2017 年 11 月的 92.2 元，上漲幅度將近 1,200%（詳見圖 2）。未來，只要信邦的獲利與股利能持續保持成長的態勢，股價一定還有向上表現的空間。

圖2 **信邦從7.14元起漲，2017年達92.2元**
信邦（3023）2008年～2018年股價月線圖

信邦股價長線成長，2008 年至 2017 年漲幅逼近 1,200%

註：資料期間 2008.09 ～ 2018.03　　資料來源：XQ 全球贏家

　　除了信邦之外，其他的公司，例如：寶雅（5904）、日友（8341）、台積電（2330）、中租-KY（5871）等獲利成長的股票，這幾年的現金股利配發亦是逐年增加，再回頭對照股價的上揚走勢，幾乎是如出一轍。

　　以台積電為例，在 2006 年到 2013 年間，即使每股盈餘有增加，但是，現金股利大致維持在 3 元附近（詳見圖

圖3 台積電自2014年起提高股利發放金額

台積電（2330）歷年股利政策

2006 年至 2013 年股利長期持平，2014 年起開始提高股利

單位：元

2003 '04 '05 '06 '07 '08 '09 '10 '11 '12 '13 '14 '15 '16 '17

註：年度為股利所屬年度　　資料來源：XQ 全球贏家

3），那段期間公司股價的漲幅相當有限。反而是 2014 年開始提高現金股利後（2014 年的股利於 2015 年發放），吸引更多追求穩定報酬之法人的目光，股價才啟動大波段的上漲行情，一直到 2018 年（詳見圖 4）。

相反地，如果一檔股票的獲利表現優異，現金股利的配發卻不太穩定；或每股盈餘明明有增加，股利反而減少。一

旦出現以上情形，投資人都需要特別小心，因為這代表一種警訊。

獲利優異但現金股利減少，須提高警覺勿衝動

BOPA（雙向拉伸尼龍薄膜）薄膜廠綠悦 -KY（1262）就是一個很標準的案例。綠悦 -KY 在 2014 年 1 月於台灣掛牌上市後，從 2013 年開始連續 4 年的每股盈餘（EPS）都維持在 10 元以上，2016 年更寫下獲利新高，達 12.29 元，與 2015 年相比，年成長達 17%。

在正常的情況下，企業的獲利成長，理當增加股利的發放，但是綠悦 -KY 的現金股利卻不增反減。2015 年每股稅後盈餘為 10.51 元，該年度現金股利為 5 元；2016 年現金股利卻沒有受惠於該年度每股盈餘創新高而同步提升，反而是大幅下降到 0.12 元（另外還有 1 元的股票股利，合計股利為 1.12 元）。

根據公司的説法是，因為要建置新廠房，預估 2017 年、2018 年需要大量的資本支出，所以採取低配息政策。就

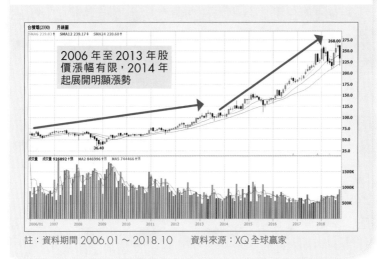

圖4 受惠股利提高，台積電從2014年起漲
台積電（2330）2006年～2018年股價月線圖

2006 年至 2013 年股
價漲幅有限，2014 年
起展開明顯漲勢

268.00

36.40

註：資料期間 2006.01 ～ 2018.10　　資料來源：XQ 全球贏家

算我們姑且相信公司的說詞，但是配息率的落差實在太大，從原本將近 5 成一口氣劇減到只剩下 0.98%，現金股利年減幅度高達 97.6%（尤其是出現在淨利成長的企業，更令人感到匪夷所思）。

2017 年 5 月 8 日，也是綠悦-KY 大砍股利的消息見報後隔一個交易日，開盤便湧現大量的賣壓，過不久直接打

入跌停價 130.5 元。雖然從 2017 年 4 月 21 日最高價 175 元算起，股價在 11 個交易日下跌達 25%，殊不知，公司的營運在極短時間內快速惡化，加上市場開始有人在質疑財報的真實性，即便股價已經修正一波，仍然只是長空的序曲。

綠悅-KY 從 2017 年 4 月 21 日最高價 175 元，快速崩跌至 5 月 8 日的 130.5 元，爾後隨著法人不斷賣出持股，呈現持續破底的走勢，到 2018 年 7 月底，股價最低跌到 24.2 元，僅僅 1 年 3 個月的時間，股價一口氣跌掉 86%（詳見圖 5）。

公司獲利但股息無法創新高，股價將面臨修正

另外，還有一種股票值得注意，就是過去獲利表現優異、現金股利持續增加，但是，在經過多年的奔馳後，因為成長動能的趨緩而導致股利配發下滑的公司。

舉例來說，過去幾年很熱門的自行車大廠美利達（9914）、巨大（9921）、成衣代工大廠聚陽（1477）

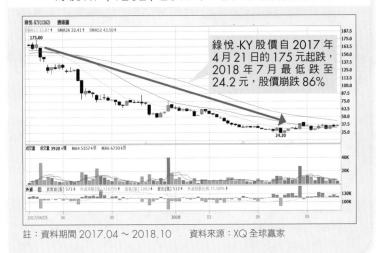

圖5 綠悅-KY大砍股利，導致股價崩跌86%

綠悅-KY（1262）2017年～2018年股價週線圖

綠悅-KY股價自2017年4月21日的175元起跌，2018年7月最低跌至24.2元，股價崩跌86%

註：資料期間2017.04～2018.10　　資料來源：XQ全球贏家

等，都是叱吒一時的成長股。當公司盈餘無法創高，使現金股利進一步提高，甚至開始減少時，幾乎可以確定的是，股價往往也會開始走下坡，波段跌幅可能達5成以上。

以聚陽為例，其客戶包含主打快時尚的H&M、Zara、Gap等品牌。2009年起，公司營收、獲利年年成長，股利從2011年至2015年也年年提高，而2011年股價約

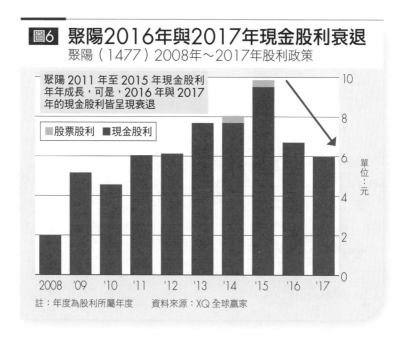

圖6 聚陽2016年與2017年現金股利衰退

聚陽（1477）2008年～2017年股利政策

聚陽 2011 年至 2015 年現金股利年年成長，可是，2016 年與 2017 年的現金股利皆呈現衰退

■股票股利 ■現金股利

單位：元

2008 '09 '10 '11 '12 '13 '14 '15 '16 '17

註：年度為股利所屬年度　　資料來源：XQ 全球贏家

在 65 元～ 85 元區間，2012 年開始展開漲勢，2015 年更創下 300 元的歷史新高。

然而，隨著全球成衣市場的成長動能趨緩，聚陽的獲利從 2015 年的高峰逐季下滑，加上現金股利大不如前（詳見圖 6），股價也遭受到嚴峻的考驗，從 2015 年的高點 300 元一路下修到 2016 年的最低點 103.5 元（詳見圖

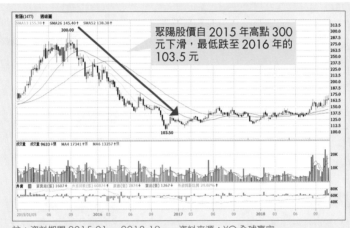

圖7 聚陽從高點下修，波段最低至103.5元
聚陽（1477）2015年～2018年股價週線圖

聚陽股價自2015年高點300元下滑，最低跌至2016年的103.5元

註：資料期間2015.01～2018.10　　資料來源：XQ全球贏家

7），波段累積跌幅達65.5%。

　　或許對於部分存股族來說，股價下跌未必會停損（停利）出場，但是，對於成長股的投資人來說，在適當時機出脫持股，跟一開始擇優進場幾乎同樣重要。當一檔股票的營運明顯開始變差，加上股價漲幅也已經高過預估的實質價值有一段距離，就應該要適時出脫持股，設法保住大部分

的獲利,把眼光聚焦在下一個更好的機會,才是正確的投資之道。

另外,現金股利的增幅,除了與股價上漲有明顯正相關之外,也是觀察企業自由現金流量的一個簡易指標。通常一家公司如果能提供穩定且成長的現金股利,而且配息率都維持在 50% 以上,投資人回頭去檢視它的現金流量表,通常不會有太大的問題。

重視現金股利成長原則,讓成長股攻守兼備

每位投資人都期待剛買進的股票能夠迅速上漲,我也不例外。在我的投資生涯中,確實也有過好幾次剛進場股票就飆漲的情形,但是,並非每次都可以稱心如意。有時候,獲利需要等待:有時候是半年、有時候是 1 年、有時候甚至更久。

而在等待的過程中,穩定的配息收入就顯得格外重要,在股價還沒有明顯表態時,固定收益是支撐你持有該股票的重要因素,即便股價沒有大漲,還是能夠擁有一定的報

酬率。而你所領到的現金，不管是加碼，或是找尋其他更好的投資機會，都有助於投資策略的靈活運用。

現金股利成長是我新增的選股原則，它的重要性就如同一支原本就擁有一流進攻能力的足球隊，換上防禦能力更強大的後場，能讓其整體戰力升級一個等級，重要性不可言喻。買進近 5 年現金股利正成長的個股，是進可攻退可守的絕佳策略。

投資法則摘要

1. 對於成長股的投資人而言，最主要的獲利來自於股價的大漲，但是，穩定的現金股利同樣不可或缺。
2. 根據歷史經驗顯示，現金股利與股價的走勢有極大的相關性。當一檔股票的現金股利一年比一年增加，股價的走勢往往會跟著水漲船高。
3. 如果一檔股票的獲利表現佳，可是現金股利的配發不太穩定，或是每股盈餘有增加，但是現金股利反而減少，投資人都需要特別小心。
4. 現金股利正成長是「翻倍成長投資術」新納入的選股原則，選擇買進近 5 年現金股利正成長的個股，能讓原本較重視於成長的投資策略，增加了固定收益的防禦策略，成為攻守兼備的絕佳策略。

1-7 選股法則7》
本益成長比低於0.75倍

　　我剛開始投資股票的前幾年，績效並不突出，雖然花了很多時間研究，也看了不少投資人公認的經典著作，但是，即使我選對了股票，卻總是抓錯買賣時機，導致報酬率不如預期。後來我很認真思考，問題的癥結點到底在什麼地方，我發現最主要的一點，就是我不懂得該如何去評估一檔股票的真正價值。

　　當你沒辦法了解一檔股票的真正價值時，所有的進出都會變成憑感覺。你會很自然用買進價作為一個衡量的標準，當股價高於你的進場價格時，你會很高興自己做了一個正確的投資決策；當股價低於你的進場價格時，你會很懊悔自己做了一個錯誤的投資決策。其實，你進場的價格只能夠代表你的持有成本，與其他投資人以及股價的未來走勢，並沒有什麼直接的關聯。

很多投資人很喜歡設停利點，他們習慣以買進的價格作為基準，當股價漲幅達到一定的百分比，例如：20%、30% 時，就選擇獲利出場。這樣的投資策略其實有瑕疵，我看過很多賠錢的投資人（包括剛進股市前幾年的我），之所以失敗的最主要原因是「設停利而不設停損」，結果就是獲利有限，但是一次看錯，就會把過去累積的獲利全數繳回。

真正的市場贏家恰好相反，他們盡可能設停損而不設停利，採取這種方式的好處在於，持續放大獲利部位，並且把虧損控制在最小的範圍，自然能夠大賺小賠，虧損有限，獲利無限。

從「祖魯法則」取經，用本益成長比改善績效

我不否認股神巴菲特（Warren Buffett）、查理・蒙格（Charlie Munger）、德國股神科斯托蘭尼（André Kostolany）等世界級的投資大師們，他們精湛的投資智慧與邏輯觀念深刻影響了我，套一句巴菲特說過的名言：「他（指蒙格）用思想的力量，讓我從猩猩進化成為人類。」

　　雖然正確的投資觀念與原則非常重要，但是，諸多大師的書籍中，對於該如何計算一檔股票的合理價格卻甚少著墨，甚至市面上所有標榜股神投資心法的著作，找不到任何一本是由巴菲特本人親自撰寫。直到我看到了《散戶兵法祖魯法則》書中所提及的「本益成長比（Price/Earnings to Growth Ratio, PEG）」公式，並且將此公式融入到我的選股策略、成為核心操作法則後，我的投資績效才開始明顯攀升，終於擺脫投資初期無法順利獲利的窘境。

　　《散戶兵法祖魯法則》一書，出自有「英國巴菲特」之稱的成長股投資大師吉姆‧史萊特（Jim Slater）之手，他的投資風格是聚焦小型成長股，強調集中持股。《散戶兵法祖魯法則》的原文書籍在 1992 年初次出版，史萊特在序言中提到：「50 年來，小型股的漲幅遠遠超過大盤指數（指英國股市）高達 8 倍以上。」而本益成長比正是發掘小型成長股的絕佳公式。其公式如下：

本益成長比＝本益比 ÷ 預估未來稅後淨利成長率

　　本益成長比的公式本身並不困難，投資人只要計算出本

益比與未來淨利成長率，就能算出來，因此，我們應該要進一步理解「本益比」（Price-to-Earning Ratio，PE）的意義。

本益比是許多投資人用來評估股價的基本依據，我剛進股市的前幾年也是如此，記得當時常常聽到電視上一些分析師似是而非的説法，比方説，「因為是科技股，所以享有 30 倍的本益比」；又或者，「因為是熱門生技股，所以 40 倍的本益比也不算貴」；不然就是，「因為屬於傳統產業，所以本益比不超過 10 倍」。我剛開始聽到這些説法時，覺得似乎滿合理，後來認真思考，發現這樣的邏輯有盲點。

高本益比與產業別無關，獲利具成長性才是關鍵

本益比是股價除以每股盈餘（EPS），意思就是指，本金與收益的比值。本益比愈高，預期回收資金的速度愈慢。有些公司之所以能夠享有 30 倍的本益比，有些公司只有 8 倍，主要原因是市場預期 30 倍本益比的公司，未來獲利有望大幅成長，看重的是它們未來的成長性。

　　因此，一檔股票能夠享有高本益比，關鍵不在於它處於什麼產業，而是該企業擁有過人的成長性。例如：光學元件族群中的大立光（3008），近幾年獲利表現極為優異，2009 年稅後淨利為 24 億 8,600 萬元，當年收盤價為 421 元。2010 年之後大立光的獲利持續成長，2014 年稅後淨利已飆升至 194 億元，股價也站上了 2,000 元。

　　雖然與 2015 年相比，2016 年大立光的稅後淨利呈現微幅衰退，但是，股價仍然持續上漲，到了 2017 年，公司稅後淨利更高達 259 億元，每股盈餘創下 193.65 元的歷史新高，而當年度的股價一度大漲至 6,075 元，創下台股前無古人的空前紀錄，換算下來，市場給予的本益比超過 30 倍（詳見圖 1）。

　　反觀今國光（6209），雖然同樣屬於光學鏡片廠，但是公司過去長期的營運明顯落後於大立光，在每股盈餘長期虧損的情況下，股價始終在 10 元左右徘徊。如果這樣的個股突然大漲，投資人就要特別注意，一旦股價上漲是因為市場炒作，而不是企業獲利的提升，結果很有可能如同潮水般，來得快去得也快。

圖1 大立光2017年本益比曾經逾30倍

◎大立光（3008）本益比走勢圖

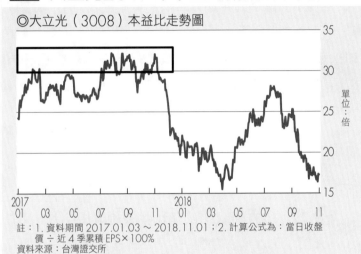

註：1. 資料期間 2017.01.03 ～ 2018.11.01；2. 計算公式為：當日收盤
　　價 ÷ 近4季累積 EPS×100%
資料來源：台灣證交所

◎大立光（3008）2017年～2018年股價日線圖

大立光股價曾於 2017 年
創下 6,075 元歷史新高

註：資料期間 2017.01.03 ～ 2018.11.01　　資料來源：XQ 全球贏家

　　此外，大家普遍認為是夕陽產業的紡織股，因為產業成長性差，市場給予的本益比自然不高，所以，大部分的紡織股股價都在 10 元、20 元，甚至是個位數。但是，如果你把所有上市櫃的紡織股全部檢視過一遍，就會發現有一檔股票的股價高達 300 元以上，就是紡織股股王——儒鴻（1476）。

　　雖然儒鴻身為紡織股，但是，因為公司具備一貫化的垂直整合服務，再加上獨步全球的布種研發能力，所以過去近 10 年的營運大幅成長，推升每股盈餘從 2008 年的 1.02 元至 2015 年的 15.99 元。股價表現自然不遑多讓，從 2008 年最低價 8 元，一路上漲至 2015 年最高價 549 元。如果以 2015 年度的 EPS 計算，等於市場給予儒鴻最高達 34 倍的本益比（詳見圖 2）。

　　2016 年至 2017 年，儒鴻的獲利有些許下滑，可是，以超過 300 元的股價來計算，本益比約 22 倍至 28 倍，代表法人還是相對看好儒鴻的後市表現。因此，如果只單憑產業來區分本益比的高低，很容易不自覺掉入投資的陷阱。例如：2015 年喧騰一時的生技股浩鼎（4174），憑

圖2 儒鴻獲利表現優，本益比多高於20倍

◎儒鴻（1476）本益比走勢圖

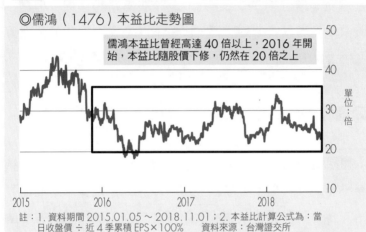

儒鴻本益比曾經高達 40 倍以上，2016 年開始，本益比隨股價下修，仍然在 20 倍之上

單位：倍

註：1. 資料期間 2015.01.05 ～ 2018.11.01；2. 本益比計算公式為：當日收盤價 ÷ 近 4 季累積 EPS×100%　　資料來源：台灣證交所

◎儒鴻（1476）2015年～2018年股價日線圖

儒鴻曾經於 2015 年創下 549 元的歷史高價，2016 年後展開修正，股價多在 300 元至 400 元區間震盪

註：資料期間 2015.01.05 ～ 2018.11.01　　資料來源：XQ 全球贏家

藉著癌症新藥解盲的題材，股價在短短 3 個多月，從最低 250 元飆漲至最高 755 元，波段漲幅超過 2 倍，但是，股價見到高點後即刻反轉，一路下跌至 2017 年的最低價 135 元，跌幅高達 82%。

公司淨利成長率愈高，合理本益比理應愈高

如果從財報數字來看，浩鼎非但沒有獲利，帳面虧損甚至一年比一年還多，股價上漲可以說完全是靠未來的美夢所支撐。說實話，新藥股我不懂，但是，我好奇的是，當初在高點買進股票的投資人，是真的看好公司未來的營運狀況呢？還是只是單純受不了股價上漲的誘惑呢？我想答案只有當事人自己才清楚吧！

雖然以短期來說，公司的本益比會隨著市場氛圍波動，但是，以長期來看，一檔股票的合理本益比，與它所屬的產業並沒有直接的關係，而是與公司未來獲利的成長性有關，因為只要公司獲利不斷增加，最終回饋到股東的實質報酬（不管是反映在股價的上漲或者是股利的增加）也會持續增加。

表1 平均淨利成長30%，合理本益比為30倍

合理本益比計算方式

平均淨利成長率	合理本益比
10%以下	10倍～15倍
15%	15倍
20%	20倍
25%	25倍
30%	30倍

因此，在考量成長性的條件下，我認為，如果一家公司的平均淨利成長率為 15%，合理的本益比應該在 15 倍；如果平均淨利成長為 20%，合理的本益比應該在 20 倍；如果平均淨利成長率達 30%，合理本益比即使 30 倍也不算貴（詳見表 1）。

獲利成長性對於本益比的高低有絕對性的關聯，舉例來說，假設現在有 2 檔股票，它們的每股盈餘都是 1 元，A 公司的股價為 12 元，換算本益比為 12 倍；B 公司的股價同樣為 12 元，本益比也是 12 倍，但是，兩家公司的獲利成長性不同，A 公司未來 5 年平均淨利成長率只有 5%，B

公司未來 5 年平均淨利成長率高達 20%，假設股價都維持 12 元不變，每股盈餘與合理本益比將產生不同的變化（詳見表 2）。

　　同樣都以投資 5 年來看，雖然兩家公司一開始每股盈餘同為 1 元，但是，因為獲利成長幅度大不相同，B 公司在第 5 年的時候，每股盈餘已經來到 2.48 元，累積 5 年合計為 8.92 元，遠遠勝過 A 公司的 1.27 元，以及累積盈餘 5.79 元。假設市場都沒有反映 A、B 公司的獲利成長性，一樣維持 12 元的股價，兩家公司的本益比都會逐年下降；但是，因為 B 公司成長性較高，所以到了第 5 年，B 公司的本益比就會剩下 4.8 倍，遠低於 A 公司的 9.4 倍。

　　當然這樣的情形不太可能發生，較常見的狀況是，當投資人（包括我在內）發現了 B 公司的成長性，就會陸續買進，並且推升 B 公司的股價到合理的價位。假設市場給予 B 公司 20 倍的本益比，以第 5 年的每股盈餘 2.48 元計算，股價會接近 50 元；如果你是以 12 元的股價買進，等於獲利超過 300%！這還只是價差的部分，還沒有包括受惠於盈餘成長而產生的現金股利。

表2 評估公司未來股價，應納入獲利成長率

從平均淨利成長率評估合理本益比

年度	A公司 （未來5年平均淨利成長率5%）		B公司 （未來5年平均淨利成長率20%）	
	EPS（元）	本益比（倍）	EPS（元）	本益比（倍）
現在	1.00	12.0	1.00	12.0
1	1.05	11.4	1.20	10.0
2	1.10	10.9	1.44	8.3
3	1.16	10.3	1.73	6.9
4	1.21	9.9	2.07	5.8
5	1.27	9.4	2.48	4.8
1～5年總計	5.79	—	8.92	—

註：本益比是以股價 12 元計算

　　因此，我們不能單純只用本益比作為進場的依據，應該改採用加入獲利成長的本益成長比來計算。以上述 A、B 兩家公司為例，計算其本益成長比（PEG）：

A 公司》

一開始的本益比為 12 倍，預估未來淨利成長率為 5%

本益成長比：12（倍）÷5（%）＝ 2.4 倍

B 公司》

一開始的本益比為 12 倍，預估未來淨利成長率為 20%

本益成長比：12（倍）÷20（%）＝ 0.6 倍

本益成長比等於 1 倍，代表股價處於合理價位

如同吉姆・史萊特在《散戶兵法祖魯法則》一書裡的建議，本益成長比在 1 倍時，代表目前股價合理；在 1 倍以下時，代表股價被低估；在 0.75 倍以下（低於 0.66 倍更好）時，就是進場的好時機。相反地，本益成長比在 1 倍以上時，代表股價已經高於合理範圍；在 1.2 倍以上時，就可以評估是否應該賣出（詳見表 3）。因此，從上述的兩家公司的本益成長比來看，我會毫不猶豫買進 B 公司的股票。

這樣投資人是否能夠自己動手計算合理股價了呢？之後如果有法人喊出「某某股票的目標價上看 XXX 元」時，你就可以拿出計算機來計算一下，就能知道那檔股票外資所給予的本益比，再去進一步對照公司近期的獲利表現，以及未來淨利成長性（關於未來淨利成長性的相關內容，詳見 1-8），看看是否真的有那麼高的價值，還是單純只是

表3	當本益成長比低於0.75倍是布局好時機	

本益成長比的判斷標準

本益成長比	股價合理程度	採取動作
低於0.75倍 （低於0.66倍更好）	股價被低估	買進
等於1倍	股價合理	空手者不買，持有者不賣
高於1.2倍	股價被高估	賣出

資料來源：《散戶兵法祖魯法則》

外資準備出貨的拉抬手法？

　　本益成長比可以說是完全以成長性為首要考量的投資策略，當標的出現低於 0.75 倍的買進訊號時，往往代表該檔股票具備成長潛力，而且目前價值被市場所忽略或低估。因此，當未來市場發現或認同此檔股票的獲利爆發力時，股價往往會一飛沖天，而持股的投資人就能享受到盈餘的成長，加上本益比調升所帶來的雙重威力，這樣的結果，通常都是倍數以上的上漲空間。

投資法則摘要

1. 想要創造翻倍的報酬率，一定要學會如何評估一檔股票的真正價值，其中本益成長比正是發掘中小型成長股的絕佳公式。

2. 本益比高低不應該取決於所屬產業，而是個別企業的獲利成長性，當企業未來的獲利成長性愈高，市場所給予的本益比也愈高。

3. 如果一家公司的平均淨利成長率為 15%，合理的本益比應該在 15 倍；如果平均淨利成長率為 20%，合理的本益比應該在 20 倍；如果平均淨利成長率達 30%，即使本益比 30 倍也不算貴。

4. 本益成長比 1 倍時為合理股價，低於 0.75 倍（低於 0.66 倍更好）時可考慮買進，超過 1.2 倍時可考慮賣出。

1-8 選股法則8》
預估未來淨利可望持續成長

　　不同於其他法則，例如：營收、每股盈餘、毛利率、股東權益報酬率等，我們可以透過財報或券商所提供的程式來獲得資料，對於未來淨利成長率的預估，相對來說沒那麼容易。原因在於預估未來淨利成長是屬於未發生的事，因此，並沒有明確的資料可以查詢，即便企業過去連續好幾年的淨利都能大幅成長，也無法保證未來一定能繼續保持成長。

　　再者，前面談到本益成長比的計算公式，是以本益比除以預估未來淨利成長率，如果你無法預估一家企業的未來淨利成長率是多少，就無法算出一檔股票目前的本益成長比的數字，自然也沒有辦法確切知道，這家公司現在的股價到底是昂貴或便宜，也就難以掌握最佳的買進與賣出時機了。

　　因此，我們幾乎可以說，預估未來淨利可望持續成長，是尋找翻倍成長股時最重要的法則。由於篇幅較長，我將在下一章，分享我預估公司未來淨利的心法。在進入下一章之前，我想先講一個有關於預測的故事。

　　我有一位好朋友是香港人，他的父親非常熱中於賭博。如果你有去過香港或看過港劇，就會知道香港有個地方叫做跑馬地，是一個專門經營賭馬賽事的地方。因為他的父親嗜賭如命又逢賭必輸，所以他小時候過得非常悲慘。

　　有一次，不曉得什麼原因，有一場賽事只有一匹馬參加，不就代表說，只要押那匹馬獲勝，就能百分之百賺取彩金了？於是，他的父親趕緊把握這個千載難逢的好機會，把房契、地契拿到當鋪抵押，借了一大筆錢，心想，這一次應該發了！

　　到了比賽當天，「碰」的一聲，鳴槍起跑，從場邊的看台，遠遠只看到一匹馬在奔馳，雖然場面有點空虛，但是無所謂，能夠賺到彩金才是重點。就這樣，這匹馬獨自跑了一半，當牠打算開始朝終點加速前進時，突然暴斃身亡。因

為這匹馬沒有跑到終點,所以他父親買的彩券全部都血本無歸了!

後來房子沒了,朋友的父親也不見蹤影,母親帶著我的香港朋友跟一對弟妹,一家四口過著好長一段顛沛流離的生活。所幸,我朋友發憤圖強,考上香港理工大學,畢業後事業有成,終於讓全家人從此過著幸福快樂的日子。

預估不會 100% 正確,股神巴菲特也曾預測失準

看到這裡,你是否覺得有點熱淚盈眶?不好意思,以上故事是虛構的,這是我從某一本投資書上看到的,再加上八點檔常用的敘述方式撰寫而成。我真正想說的重點只有一個,那就是「預測沒有百分之百正確」這回事。

當我正在忙著寫書之際,2018 年世界盃足球賽正如火如荼地展開,誰能想到,上一屆的衛冕軍,也是本屆賽事奪冠呼聲最高的德國,在各方都一致看好的情況下,竟然在分組預賽中以 0 比 2,慘敗給當時世界排名第 57 名的南韓,而無緣晉級 16 強賽事呢?

除非是已經發生，稱之為歷史的事件，否則未來還沒有發生的事，沒有人能百分之分肯定。即便是被譽為股神的巴菲特（Warren Buffett），在他的投資生涯中有時也會看走眼，近年最有名的案例就是投資 IBM。

兼顧勝率與期望值，才能挑出賺錢的投資機會

巴菲特在 2011 年大買 IBM 股票，2013 年股價見頂後，IBM 的獲利與股價逐年走下坡，巴菲特也開始住「套房」了，直到 2017 年，他終於開始大舉出脫 IBM 的持股。巴菲特坦承，當初對 IBM 的預估是有瑕疵的，並且在 2018年 5 月波克夏股東會前夕，表明已經全數出清 IBM 的持股。

連投資資歷超過 76 年的巴菲特都會發生評估錯誤，我們一般散戶怎麼可能會不犯錯呢？投資真正的重點並不在於追求完美的準確度，也無法保證百分之百一定正確，想成為長期市場贏家，並非追求每一次都能精確預估，因為這是不可能的，而且也是不切實際的想法。

正確的策略是，你自認為做了最完整的評估後，選擇「預

估正確會大賺，預估錯誤會小賠」的標的。真正的贏家是當情勢對自身有利時下大注；當情勢不明朗或無法預估時，選擇離場觀望。

「翻倍成長投資術」的原則並不是追求百分之百的投資勝率，能夠大賺小賠才是關鍵。如果以棒球來比喻，不要想著每一球都能擊出安打，而是應該等待一顆投手失投球，逮到機會大棒一揮，一次把球打出全壘打牆外。

對於預估，你需要計算的不單單只是勝率，還要進一步思考贏的時候能贏多少？輸的時候又會輸多少？因此，你必須從機率的角度來思考。

第 1 種投資機會》勝率 99%，但期望值為負數

假設有個投資機會，投資 100 元，有 99% 可以獲利，只有 1% 可能賠錢，你會不會考慮投資呢？我想大部分的人應該都不想錯過這樣的機會吧！但是，如果我進一步告訴你，獲利的金額是 1 元，不幸賠錢的話，將損失 1,000 元，這樣的條件，你還會想要參加這場賭局嗎？答案可就未必。這個時候就可以透過期望值來計算（詳見表 1）。

　　簡單來說，期望值是每次下注時，將獲勝機率乘以贏得金額，加上失敗機率乘以損失金額的加總金額。上述的投資機會在 100 次裡面有 99 次能賺取 1 元， 但是其中有 1 次會讓你賠上 1,000 元。

　　如果單純從機率的角度來看，你有 99% 的機會可以賺錢，可是，如果計算這次投資機會的期望值後發現是負值，代表每次賭局下注其實是賠了 9.01 元（99%×1 元＋1%×-1,000 元）。

　　換句話說，假設下注 100 次，總共會賠 901 元。如果你參加這樣的賭局，長期下來，血本無歸幾乎是可以預料的事。

第 2 種投資機會》勝率僅 70%，但期望值為正數

　　假設有另外一個投資機會，你投資 100 元，有 70% 的機率可以獲利 1 倍，另外有 30% 的機率會損失 20 元，如果有這樣的賭局你會不會考慮進場呢？

　　此案例的期望值為 64 元（70%×100 元＋ 30%×-20

表1　一旦期望值為負數，長期下注必定虧損
事件期望值評估方式1

事件	機率	結果	期望值
A	99/100	1元	0.99元
B	1/100	-1,000元	-10元
合計（期望值）			-9.01元

表2　只有期望值為正數，長期投資才能獲利
事件期望值評估方式2

事件	機率	結果	期望值
A	70/100	100元	70元
B	30/100	-20元	-6元
合計（期望值）			64元

元），如果以單次來看，結果不是賺 100 元就是賠 20 元（詳見表 2），的確有可能虧損，但是，如果以這樣的期望值投資 100 次，虧損的機會幾乎微乎其微，最後所賺取的獲利將接近原始投資 100 元的 64 倍，也就是 6,400 元。

毫無疑問，這是一個勝算極高的賭局，雖然並不是完全無風險，但是，看對大賺，看錯小賠，是一個報酬率極高

且風險極低的投資機會。這樣的投資機會，投資人應該要毫不猶豫地進場，並且盡可能加大持股部位。

　　至於如何提升預估企業未來淨利的精準度，我會在第 2 章做完整的解析，包括選股的正確思維與從 3 大方向提高預測準確性等，就讓我們繼續看下去。

投資法則摘要

1. 即便企業過去連續好幾年的淨利都能大幅成長，也無法保證未來一定還能繼續保持成長。
2. 想成為長期股市贏家，並非追求每一次都能夠精確的預測，即便是史上最偉大的投資大師也會有看走眼的時候。
3. 重點在於找到定價錯誤的商品，看對方向大賺，看錯方向小輸，才是成為市場贏家的關鍵。

Note

掌握公司錢脈
確保獲利前景

　　懂得如何預估公司的未來淨利成長性，是「翻倍成長投資術」8 大核心選股法則中最關鍵的項目。當企業擁有強勁的獲利成長力，自然會吸引買盤湧入，股價就能一路向上。

　　挑對股票，只能說是好的開始，更重要的是，在公司獲利持續成長期間，能堅定信念、持股續抱，才有機會享受股價大波段的上漲，讓資產水漲船高。因此，不管在買進前或持有期間，投資人都應該對公司的經營績效保持關注，才能知道何時該買進、何時該賣出。

　　在思考公司的未來淨利成長性時，投資人一定要知道「這家公司主要靠什麼賺錢」？屬於何種產業？產業有沒有持續性與成長性？在同產業中是否具備強大的競爭力？消費者是否會長期依賴公司的產品或所提供的服務？

　　而我們評估的標準有：未來幾年，企業的產品是否能創造更多的營收與淨利？市場是否持續供不應求？是否可能陷入殺價競爭的危機？一旦遭遇經濟衰退是否有能力安然度過等，唯有找出這些問題的答案，我們才有可能進一步去預估公司的淨利能否逐年成長，以及成長的幅度有多大，

也才能計算出未來可能的每股盈餘（EPS），以估算合理的買賣價位。

本篇章主要是延續 1-8 的內容，提供我對於如何提高預估未來淨利的做法，並且用一整個章節做最完整的解析。我會分享我是如何留意到獲利可能高度成長的股票、所偏好的產業類型，以及為什麼會盡量避開某些產業。

此外，投資人雖然比較難以取得公司與產業的詳細資料，也不容易有機會與企業高層深入訪談，但是，投資要成功，並非一定要鉅細靡遺了解每一個細節，而是透過一些免費的公開資訊，過濾出對投資決策有用的數據，真正的重點是掌握關鍵的思考方向。我建議，散戶可以從長期趨勢、公司高層說法、法人研究報告等 3 大方向著手，進一步提高預估未來淨利成長性的成功率。

2-1 專挑簡單易懂公司 提高投資勝率

　　想要預估未來公司的淨利能否持續成長，「選股」可以說是決定預估成敗的關鍵。根據股神巴菲特（Warren Buffett）的說法，我認為，公司大致可以分為三種：第一種是「太過複雜」、第二種是「難以預測」、第三種是「簡單易懂」。公司業務太過於複雜的股票不碰、公司前景難以預料的股票不買，因此，我只投資自己看得懂，並且能深入研究的標的。

　　台股上市櫃股票共超過 1,600 檔，我長期關注的名單大約只有十分之一，大多數的企業對我來說，不是公司業務太過複雜，就是營運前景無法預估。

　　對於超過我能力範圍的股票，即便它的營收、獲利或股價屢創新高、企業的未來前景看似大好，我也不會貿然進

場，取而代之的是，我會選擇我能理解的經營模式，通常
是公司業務相對單純，組織架構與轉投資不複雜，同時專
注於本業發展的企業。符合這樣條件的公司，才是我主要
的投資標的。

傳統產業變化較小，相對易於預估產業前景

在選股方面，我個人偏好傳統產業。據我自己的統計，
在過去逾 10 年的投資經歷中，有超過 7 成的獲利是來自
於傳產類股，主要的原因是，相較於電子股，傳產類股的
產業變化相對較小，因此，在預估產業前景時會顯得比較
容易。

電子類股的缺點在於產業前景變化快速，而且競爭者眾
多。我之前曾經聽過，一位上市企業的高層在分析電子產
業的競爭態勢，他指出，一個電子產品的生命週期只有 18
個月，如果在新品發售後的 18 個月內，公司無法再創造
出比之前更新穎、更吸引人的產品，公司的業績就會開始
走下坡，智慧型手機大廠宏達電（2498）就是一個血淋淋
的案例。

　　雖然電子類股的產業波動大，但是，並非沒有優點，只要你的產品能成為產業中最具競爭力，或者營運規模已經把競爭者遠遠拋在腦後，就可以享有高額的利潤，例如：股王大立光（3008）與台股市值最大的台積電（2330），都是產業中的佼佼者，坐擁豐厚的盈利。

投資自身擅長產業，將比他人更接近成功

　　雖然我個人的選股方向以傳產類股為主，但是，並不代表你必須跟我一樣，畢竟每個人的能力範圍不同，我之所以少碰電子股，是因為有些產業已經超出我的能力圈之外，我自認為沒有足夠的把握能夠完整分析。

　　舉例來說，當我在研究電子檢測驗證服務廠宜特（3289）時，翻閱年報時發現它有一個專業技術稱為「二次離子質譜（SIMS）分析技術」：在樣品通過使用一次離子進行濺射／蝕刻，在濺射過程中形成的二次離子，利用質譜儀來進行分析。主要是利用離子高靈敏度的特性，針對樣品的微汙染，摻雜與離子植入的定量分析，以及介面擴散行為的研究，均具有高解析的偵測能力。

　　說實在，因為我對電子業幾乎一竅不通，所以我沒有能力分辨二次離子質譜分析技術與其他的技術有什麼不同，也無法分析宜特的技術和其他公司的技術到底有何差異？但是，如果你是電子科系畢業，或者你剛好任職於相關產業，分析 SIMS 對你來說，可能只是輕而易舉的事。另外，如果你剛好是從事生技醫療產業，你對於產業的了解程度，肯定優於其他投資人，而這就是你的能力範圍，也是你有別於其他投資人的獨特優勢。

　　每個人的專長與所學不盡相同，那些對我來說複雜又難懂的產業，對你來說或許只是小菜一碟罷了，因此，股票是否太過複雜或簡單好懂，絕大部分是因人而異，重點是在清楚認知自己的能力範圍。畢竟台股有超過千檔的股票，你不是股市分析師，不需要每一檔都懂，反而應該要把眼光集中在少數幾檔你深具信心的股票上，深入研究並且伺機買進，就已經足夠了。

投資法則摘要

1. 公司大致可以分為 3 種：太過複雜、難以預測、簡單易懂。台股有 1,600 多檔股票，你不需要全部都懂，只要找出自身擅長的領域，投資自己有能力看懂，並且能深入研究的股票即可。至於太過複雜、難以預測的產業／個股，一概不碰。

2. 傳產類股相較於科技類股的產業變化較小，因此，在預估產業前景時顯得比較容易。

3. 科技產業雖然波動較大，但是也並非毫無優勢，只要公司的商品在產業中具備競爭力，或者營運規模遠勝於競爭者，就有機會享受高額利潤。

2-2 遠離2類型產業 降低賠錢機率

要降低投資失利的機率，我們必須避開投資那些難以預測的產業或個股，至於何謂「難以預測」呢？具體來説，大致可以分為以下兩類型：

類型1》產業複雜性超過理解範圍

當你在分析一檔股票時，如果覺得太複雜，或根本無法理解公司產品的競爭優勢時，你就很難評估企業的前景，更別説是預估它的未來淨利成長率了，即使你勉強預估公司的未來展望，也不具備太大的參考價值。

類型2》產業受景氣循環影響過深

幾乎所有公司都會有景氣波動的問題，只是不同的產業，受景氣波動的大小有所差異，其中，有些產業深受景氣循環的影響，當市況熱絡時，公司的獲利往往會大幅增加；

當景氣反轉時，公司的營運往往會虧損連連，這就是景氣循環股的特性。舉例來說，航運、營建、鋼鐵、橡膠等，以及其他大部分「以原物料為主」的產業，都歸類於景氣循環股。

景氣循環股的獲利並不像成長股那樣，有明顯的上升趨勢，反而是受限於產業的屬性，造成絕大部分公司所生產的商品，並無明顯的差異化，使得企業的獲利模式不是建構在產品的競爭力，或經營模式的創新，而是跟隨著市場景氣的波動上下震盪。

想布局景氣循環股，得先懂得判斷景氣所在位置

因此，當你想要買進景氣循環股時，需要思考的重點不在於個別公司的競爭力，而是懂得判斷「現階段景氣是處在什麼位置」。影響景氣變化的潛在因素非常多，幾乎沒有人每次都能精準地預測景氣的反轉點，這也就是預估景氣循環股比預估一般企業更加困難的原因。

即便是台灣鋼鐵股龍頭中鋼（2002），公司總市值高達

表1 **中鋼淨利表現隨景氣起伏，最低僅59億**

中鋼（2002）2006年～2017年營運表現

年度	營業收入（億元）	稅後淨利（億元）	每股盈餘（元）
2006	2,785	392	3.56
2007	3,307	512	4.49
2008	3,853	240	2.03
2009	2,511	196	1.54
2010	3,502	376	2.83
2011	4,010	194	1.36
2012	3,583	59	0.38
2013	3,478	160	1.05
2014	3,665	221	1.43
2015	2,850	76	0.49
2016	2,930	160	1.04
2017	3,470	169	1.09

資料來源：XQ全球贏家

3,800億元（資料統計至2018年11月5日），也曾經在2016年世界鋼鐵動態公司（WSD）公布的「世界級鋼鐵企業競爭力排名」中，名列全球第11名（2018年下滑至第18名）。但是，檢視中鋼自2006年至2017年這12年的經營績效（詳見表1），由於產業屬性的問題，因此中鋼顯然難以擺脫景氣循環所帶來的變動，以至於獲

利表現隨著市場的波動而載浮載沉。

2008 年金融海嘯前，因為全球景氣熱絡，加上中國大量基礎建設的需求，推升原物料價格的飆漲，從 2003 年到 2007 年，可以說是原物料的黃金年代。中鋼在 2001 年的稅後淨利僅 74 億 6,000 萬元，2007 年增加至 512 億元，股價也從 2001 年最低點 11 元，上漲到 2008 年波段高點 54.4 元，漲幅將近 4 倍。

盲目投資景氣循環股，買錯時間恐住「套房」

那段期間，我經常聽到市場有一種說法，就是叫大家存股存中鋼，他們的理由是，因為中鋼具有一定的營運規模，加上獲利與股利穩定。殊不知，2008 年後，全球景氣疲弱、中國經濟成長開始放緩，GDP（國內生產毛額）的增幅也開始減速，鋼鐵原料的需求也就跟著急速下滑；因此，包括中鋼在內的許多原物料個股，最近 10 年的獲利再也沒有回到 2008 年金融海嘯前的高峰。

如果投資人在 2008 年以 50 元的價位買進 1 張中鋼，

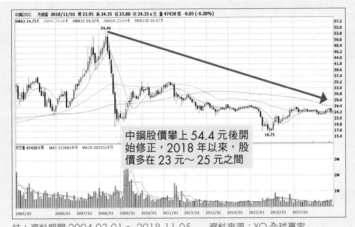

圖1 中鋼2008年漲破54元後進入長期修正

中鋼（2002）2004年～2018年股價月線圖

中鋼股價攀上54.4元後開始修正，2018年以來，股價多在23元～25元之間

註：資料期間 2004.03.01 ～ 2018.11.05　　資料來源：XQ全球贏家

並且持有股票10年，至今股價只剩下23元～25元（資料統計至2018年11月5日），只剩2008年高點的一半不到（詳見圖1）。

即便加上過去10年所有的配股配息，填權後的總值為4萬1,412元，等於投資人長期持有中鋼10年後依舊處於「住套房」的狀態。然而，同時間，不但台股創下27年

來的新高達 1 萬 1,270 點（還原權值後為 1 萬 9,281 點），
而且元大台灣 50（0050）的年化報酬率約莫 6%，代表
買進中鋼的長期投資績效，遠遠落後大盤與市場其他大部
分的股票。

因此，並不是長期持有就保證一定獲利，當你在不對的
時間買進錯誤的股票，幾乎在開始就注定會以失敗收場。
尤其像是營運前景難以預估的景氣循環股，我會盡可能在
選股時就將它們排除在外，同時把目標鎖定在公司業務盡
可能容易理解，又具備長期成長潛力的個股身上。

投資法則摘要

1. 盡可能避開難以評估未來前景的企業，以及產業受景氣循環影響的
   景氣循環股。
2. 在不對的時間買進錯誤的股票，即便是長期持有，最後的結果也有
   可能是負報酬。
3. 選股是投資能否成功最重要的關鍵，排除營運前景難以預估的企
   業，只把目標鎖定在公司業務簡單且容易理解，且具備長期成長潛
   力的個股身上。

2-3 從3方向著手 提高預估公司獲利準確度

　　預估未來淨利是「翻倍成長投資術」最重要的選股法則。當我們從台股 1,600 多檔標的中，篩選出少數幾檔符合我們選股標準的股票後，如何進一步預估公司未來淨利能否持續成長呢？雖然前文有提到，預估無法做到百分百的正確，但是，透過一些方法，確實能有效提高預估的準確度。根據我的經驗法則，我會從以下 3 個方向著手：長期趨勢、公司高層說法、法人研究報告。

長期趨勢》從日常生活中找出有用資訊

　　通常一個趨勢的確立，短則數年，長則數十年，而投資股票最重要的地方，就是盡可能從一個長期趨勢做觀察，並且從中找出趨勢向上的產業，再從產業中挖掘具備成長潛力的個股。

我的方法是從日常生活的變化找出有用的資訊，舉例來說，我們小時候哪有什麼智慧型手機，印象中，我高中時期，最紅的非 BB.Call（呼叫器）莫屬，當有人 call 你時，你還得找電話回撥。後來手機問世，BB.Call 逐漸被淘汰。我還記得那時候，最夯的手機除了 Nokia 之外，就屬 Motorola 的海豚機，我也忍不住打工存錢買了一支。在當時，檯面上那幾家手機大廠，都曾經盛極一時。

我退伍後不久，蘋果公司（Apple）已故創辦人賈伯斯（Steve Jobs），在當時推出了新一代的智慧型手機 iPhone，完全改變了手機原本的思維，讓智慧型手機成為一部功能強大且尺寸超小的個人電腦，也造就了 Apple 成為全世界市值最大的公司。另一方面，一直沉溺於傳統手機美夢，而忽略了智慧型手機研發的 Nokia 等手機大廠，只能眼睜睜看著自己的市占率節節敗退，最後都黯然地消失在時代的洪流中。

試著想像一個未來 10 年甚至 20 年的世界，科技只會一直往前，從家用電話、BB.Call、傳統手機，到現在的 Smart Phone，除了智慧型手機的功能愈來愈強大之外，

其他包括 AI（人工智慧）、物聯網、智能車、機器人等，這些未來趨勢向上的產業，無一不需要高端晶片。而絕大部分晶片的設計公司，都與全球晶圓代工龍頭台積電（2330），採取互惠合作的模式，也都需要仰賴它的先進製程技術。因此，我們可以得到一個結論──當未來的生活朝科技化邁進，台積電的營運展望，長期而言就不容易看淡，這就是一種長期趨勢（除非有一天台積電的龍頭地位被取代）。

另外，近幾年受惠於廉價航空的盛行，出國旅遊變得更便利，再加上日圓貶值，鄰近的日本成為大部分國人海外旅行的首選；我也不例外，算一算近幾年去日本的次數，可能不下 10 次，但是，澎湖卻一次也沒去過。當沖繩與台灣離島所需花費的交通時間與旅費差別都不大的情況下，選擇前往更具國際化的觀光地點，幾乎是無法抵擋的潮流。

日本除了好玩、好看、好吃之外，還有一個重點，就是好買，尤其逛藥妝店更是不可或缺的行程。即便自己沒有買，你也會幫親朋好友買，因為大家普遍有一種認知，就是日本藥妝的品質比較好。日本的藥妝除了台灣人愛買之

外，消費力強大的中國人更是呈現瘋狂掃貨的態勢，逼得部分日本藥妝大廠不得不祭出限購令，限定每位觀光客的購買數量。

即使日本整體經濟普遍還是不景氣，可是，受惠於觀光客的消費力，讓當地零售通路的獲利表現亮眼，其中，包括藥品、食品、化妝品與藥妝連鎖店，近年的股價都呈現上漲的格局。日本知名護膚品和化妝品大廠高絲（KOSE）所生產的明星商品——「雪肌精」系列，更是許多觀光客掃貨的目標，帶動公司的股價在短短 6 年內大漲逾 12 倍（詳見圖 1）。

相同的邏輯，2011 年年底，當我發現周遭的女性友人都開始不約而同報名瑜伽課程時，我就從紡織類股，找到當時獨家為加拿大專業瑜伽服飾品牌 lululemon 製作瑜伽服的儒鴻（1476），並且於 2012 年從 52 元左右開始買進（我在 2014 年 5 月出清持股，投報率逾 560%。儒鴻股價於 2015 年 9 月最高漲到 549 元）。

當我看到全球油價高漲，加上騎自行車不再只是單純的

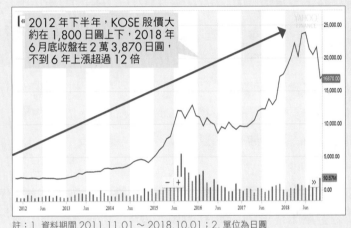

圖1 日保養品大廠KOSE，股價6年漲12倍
KOSE（4922.T）2011年～2018年股價走勢圖

> 2012年下半年，KOSE股價大約在1,800日圓上下，2018年6月底收盤在2萬3,870日圓，不到6年上漲超過12倍

註：1. 資料期間 2011.11.01 ～ 2018.10.01；2. 單位為日圓
資料來源：Yahoo!Finance

代步工具，而是休閒生活的展現，我就找到了自行車雙雄——巨大（9921）與美利達（9914），並且分別在2009年與2011年時，以70元和58元開始買進。我在85元賣出巨大，獲利約20%；2013年第3季後陸續出脫美利達，獲利超過3.5倍（詳見圖2）。巨大股價最高在2015年漲到323.5元、美利達股價最高在2015年漲到263.5元。

此外，當我注意到我的臉書（Facebook）好友，三不五時分享他們的慢跑里程，並且開始熱中各大馬拉松賽事時，我除了買一雙帥氣的慢跑鞋加入大家之外，更從台股裡，發掘到一檔專門為運動品牌龍頭 Nike 製造跑鞋的豐泰（9910），並且在 2014 年 2 月，股價 75 元左右開始進場（之後股價於 2015 年 10 月最高漲到 212 元，我在 2016 年 3 月出清持股，總報酬率達 260%）。以上的例子，都是我從生活中觀察一個長期趨勢的具體展現。

如何能更準確預估一家公司的未來獲利成長？首先要先確定企業（或產業）的長期趨勢是否向上。趨勢有 3 種：向上、持平、向下，第一步先確認產業是否有明顯的成長趨勢，排除未來發展持平或向下趨勢的產業；先確定處於成長趨勢，至於實質的淨利成長數字，再從接下來的策略來進一步掌握。

公司高層說法》輔助判斷個股與產業前景

當投資人想了解一家公司的營運狀況與未來的產業發展時，最好的方法就是聽聽公司高層怎麼說。原因很簡單，

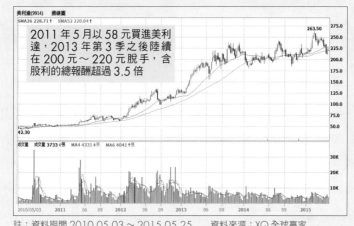

圖2 低檔布局美利達3年，總報酬達3.5倍
美利達（9914）2010年～2015年股價週線圖

2011年5月以58元買進美利達，2013年第3季之後陸續在200元～220元脫手，含股利的總報酬超過3.5倍

註：資料期間 2010.05.03 ～ 2015.05.25　　資料來源：XQ全球贏家

因為不管你再怎麼用功、不眠不休地認真研究，你對於該產業、該公司的理解，還是比不上已經在該領域打拼數十載的經營者。

台積電前董事長張忠謀在半導體產業可以說是工作了大半輩子；鴻海董事長郭台銘在1974年成立鴻海（我甚至還沒出生），到現在也超過44年了；儒鴻董事長洪鎮海

24 歲就跨入紡織業，並且從工作環境公認最差的染整廠開始做起，26 歲自立門戶創辦儒鴻，算起來創業也超過 40 年了。我們一般投資人研究一檔股票的時間，只有幾天或幾星期，頂多是幾個月，能夠比他們更透徹企業的未來嗎？幾乎是不可能。

因此，當張忠謀在 2014 年的法説會，樂觀預估台積電未來 5 年（2015 年～ 2019 年）的營收年複合成長率有 5%～ 10% 的水準時，對於我們在推估未來淨利成長率時，心裡就會有個依據。

如果張董所言不虛，代表台積電 5 年合計的營收成長率約 27% 至 61% 之間。在營收成長的同時，如果毛利率也能夠逐年提高，加上營業費用控制得宜的話，預估未來 5 年，台積電的淨利成長率，或許有機會達到年平均成長率 8%～ 12%。

或者，洪鎮海董事長在證交所舉辦的 2013 年業績發表會上，指出儒鴻的訂單已經排到隔年，現有的產能供不應求，必須持續擴建新廠，同時看好公司當年的營收可望有

雙位數的成長，加上公司已經公布的上半年營收表現，較前一年同期成長超過 39%，你幾乎能夠確定，儒鴻 2013 年全年的營收，有機會能成長 30% ～ 40%。加上過去幾年公司毛利率每年增加 1 至 2 個百分點的情況下，儒鴻 2013 年全年的稅後淨利比前一個年度成長 4 成以上，是合理的期待。

觀察公司高層對自家企業未來營運態度樂觀與否，是判斷公司未來營運的重要依據。如果經營者對未來的營運表示正向，通常公司之後的表現可以期待，尤其是從風格保守的老闆口中說出的話，可信度就更高。

不過，值得注意的一點是，你要非常確定公司高層過去有良好的誠信，最好是長期在事業上默默耕耘，而且專注於本業的老闆。如果是誠信有問題的經營者，毫無疑問一定要馬上剔除，同時也要避開行事風格過於奢華、經常出現在花邊新聞，以及不務正業的經營者。

至於如何能夠取得公司高層的說法，我的建議是，可以從一年一度的股東會、證交所固定舉辦的法說會、業績發

表會、公司年報中的董事長「致股東報告書」，以及打電話或寫信請教公司發言人等，透過多方管道，以掌握公司最新的營運狀態。

法人研究報告》了解外資機構看好或看壞理由

我很喜歡看小說，尤其是推理小說，我常覺得發掘一檔潛力股的過程，跟推理小說中找出兇手是誰有異曲同工之處。當你手上握有的線索愈多，你的判斷力愈精準。因此，在推理劇裡的私家偵探或刑警，總是不厭其煩、不眠不休地找尋破案線索，深怕在某處遺漏掉某個關鍵細節，就永遠解不開最後的謎底。

投資股票也是一樣，當你對一家企業研究愈仔細，對於公司未來的營運發展自然愈有把握。因此，在你準備進場之前，一定要做足功課，盡可能多方收集公司的情報，唯有如此，才能提升預估未來獲利的精準度。

身為一位散戶，其實我們沒有太多的機會能拜訪公司，也不太可能有機會與企業高層面對面詳談，這時候，法人

的研究報告就可以派上用場。台股中有不少國內外法人機構，會定期推出個股的研究報告，這些資料通常是透過研究員第一線拜訪公司所完成的研究心得。當你閱讀研究報告時，不但可以得到該公司更深入的解析，也能看到研究員對於該公司未來發展的主觀評價。

因此，當我在研究一檔股票時，首先我會確定該公司的產業或商品是否具備長期趨勢，接者再傾聽經營者對未來營運的說法，最後盡可能多方收集公司的研究報告。不過，值得注意的一點是，別太在意報告裡的目標價數字，不同的券商對同一檔股票的看法也常常大相逕庭，重點應該放在研究員看好（或看壞）這檔股票的理由？至於目標價，參考就好。

閱讀研究報告主要的目的是獲取未知的資訊，例如：預計全年的展店家數、擴廠計畫的時間表、新產能預期能增加多少營收等，只要是對於公司未來獲利成長有實質貢獻，都是我們必須關注的重點。

至於要如何取得法人的研究報告，一般來說，如果你在

富邦證券開戶，你就可以免費取得富邦證券的研究報告；如果你在凱基證券開戶，你就可以免費取得凱基證券的研究報告，建議投資人可以同時在 3 ～ 4 家不同的券商開戶，這樣就能盡可能獲取更多不同券商的研究報告。

除此之外，你也可以成立投資群組，透過現在很方便的即時通訊軟體，找幾位志同道合的朋友，大家彼此相互交流，互相分享對個股的研究心得或不同券商的研究報告。除了法人的研究報告之外，其他像是企業年報、個股新聞、網路上達人的研究分享等，都是提供我們能進一步收集線索的重點資訊。

關於預測，我很喜歡一句投資諺語，它是這樣說的：「你必須盡可能大致的對，而不是精確的錯。」當你的功課做得愈足，未來出錯的機率就愈少。我承認，預估是一件不容易的事，但是，透過正確的邏輯加上經驗的累積，可以愈做愈好。

我不太相信天下有白吃的午餐，也不覺得有不用付出就有保證獲利的投資祕笈，我相信的是「有耕耘才有收穫」，

差別在於，我已經把方法都告訴你了。我花了很多時間與篇幅來說明如何預估未來的淨利，只要你有徹底了解我想表達的內容，並且融會貫通，在未來的投資生涯幾乎立於不敗之地。

投資法則摘要

1. 盡可能從一個長期趨勢做觀察。通常一個趨勢的確立，短則數年，長則數十年，找出趨勢向上的產業，並且從中找出具備成長潛力的個股。
2. 你要盡可能設法多方收集資訊，透過企業財報、公司高層說法、業績發表會、股東會、法人研究報告、個股新聞、請教公司發言人等方法，當你的功課做得愈足，未來出錯的機率就會愈少。
3. 預估不是一件容易的事，然而「預估未來淨利可望持續成長」是「翻倍成長投資術」重點中的重點，對於部分投資人來說，可能需要重複看過幾次，但是，只要能融會貫通並且明白我想表達的意涵，透過正確的學習方法與策略的運用，相信在未來，你一定能顯著提升投資績效！

檢視公司體質
增加持股信心

　　「翻倍成長投資術」的主要8大核心選股法則，是我從多年的實戰經驗中抽絲剝繭得來，因此，並不是先有法則才開始投資；相反地，這些法則是我觀察那些漲幅高達倍數的飆股，所歸納出的共同點。也就是說，未來會翻倍大漲的股票，大部分都符合「翻倍成長投資術」的選股法則。

　　當投資人打算開始尋找未來的潛力飆股時，就不用毫無頭緒一檔一檔股票慢慢找，只要牢記8大核心選股法則，就能一步步找出合適的投資標的。

　　首先，你要先從過去的財報找出營收、稅後淨利、毛利率、股東權益報酬率、現金股利都符合條件的個股。在正常情況下，符合8大核心選股法則的股票不會超過所有股票的1成。

　　其次，再從篩選出來的股票中，做二次過濾，把太過複雜與難以預測的公司排除在外，只留下自己看得懂並且有能力分析的標的。

　　再來，盡量從一個長期趨勢中，找出未來還能持續成長

的標的。你要盡可能多方收集資訊，來佐證自己的看法是正確，而不是只存在於想像中。而收集資料的方式可以透過年報、公司高層的說法、業績發表會、股東會、法人研究報告、個股新聞、請教發言人等。

最後，透過自己所研究的資訊，適當評估公司未來的淨利成長率，再用本益成長比的公式，判斷目前公司的股價是被高估或低估。如果本益成長比小於 1 倍，代表淨利成長率的數值大於本益比，也意味著目前股價被低估；如果本益成長比小於 0.75 倍，甚至只有不到 0.66 倍，此時就是進場的最佳時機。

當你的功課做得愈足，未來出錯的機率就愈少，而當股價因為短暫的利空而下跌時，相較其他散戶的落荒而逃，你更能從容不迫地進場加碼。

我不否認，預估企業未來的成長性不是一件容易的事，但是，與丟擲銅板猜正反面這種單純靠運氣的遊戲相比，本質上還是有很大的差異，因為透過推理計算與策略運用，確實能夠大大提升預估的準確度。最重要的一點，我們追

求的不是百分百的勝率，而是能長期大賺小賠，把風險控制在最小的贏家策略。

　要注意的是，個股如果能符合8大核心選股法則所有條件，當然最為理想。如果只有一、兩項不完全符合（但是很接近標準），而且綜合考量之後，判斷這檔股票的確具備成長性，同時股價明顯遭到低估，我仍然會將它列入買進名單。

　在投資人買進股票前，除了遵守「翻倍成長投資術」的8大核心選股法則之外，接下來，我會告訴大家，在實際投入資金前，還有哪些需要特別注意的篩選條件，例如：籌碼在誰手上、首選小型股、負債比率與利息保障倍數、現金流量是否良好，以及成長股的技術分析。

　我認為，在進場前，如果能再次確認這些條件，就能加深持股的信心，讓你更有耐心等待股價上漲，不輕易出脫手中的持股。

3-1 從經營者持股＋融資比率了解籌碼在誰手上

　　我喜歡買經營階層與大股東持股多的個股，因為從公司經營階層持有自家股票比重的多寡，可以看出一些端倪：如果董監事和大股東持股相對較高，通常代表他們對公司未來的營運深具信心。

　　如果經營階層持有自家公司股票的比重很低，在正常的情況下，我不會考慮買進，因為最了解公司營運狀況的人，通常就是企業的管理高層，連他們都不想持有自家公司的股票，或有大量出脫持股的行為，可能就表示經營團隊對公司的未來缺乏信心。連經營階層都對自家的股票興致缺缺，一般的投資人又有什麼理由看好公司的未來呢？

　　買股票最重要的就是追求獲利，因此，當你所買進的公司營運表現愈來愈好時，股票的價值自然也就跟著水漲船

高，不管是股價的上漲或股利的提升，都會讓投資人的獲利增加。公司高層當然也明白箇中道理，除非他們不看好自家公司，否則在肥水不落外人田的情況下，一定會盡可能買進股票，增加未來的利潤。

經營階層＋大股東持股，比重至少要達 25%

身為一個小股東，一定希望公司經營階層的利益與我們一致。經營階層持股比重高的企業，代表他們在為公司做決策時，思考的重點除了股東的利益之外，也包含了自身的利益。因此，我會選擇買進的個股，其經營階層加大股東的持股，必須符合 2 個條件：

1. **持股比重至少 25%**：經營階層（例如：董監事）加上大股東的持股，至少要 25% 以上，如果能達到 30% 以上更好。

2. **近 1 季無明顯出脫**：這部分我會觀察持有 400 張以上大股東的持股，在最近 1 季是否維持平穩？如果大股東有明顯的買進訊號，通常代表公司未來的行情可期；反之，

如果大股東持股顯著的減少，投資人就需要進一步了解背後的因素，必要時要先採取觀望的態度。

此外，當投資人買進後，在持股期間也要密切注意大股東有無交易，一旦發現大股東有大量出脫持股的行為，通常就是一個警訊，如果又加上股票大漲一波，可能就要特別小心了，因為根據過往經驗，此時股價可能已經到頂，極有可能隨時會反轉向下。

融資比率不超過 5%，低於 3% 更好

除了注意經營階層與大股東的持股比重之外，融資也是觀察籌碼變化的另一個關鍵。所謂的融資，指的是借錢買股票，當投資人看好一檔股票未來有上漲空間，受限於資金不多，因此向授信機構用借款的方式買進股票，等高價出脫持股。

借錢買股的優點是賺錢的時候，可以透過槓桿的操作加大獲利部位；缺點是有時間壓力，一旦看錯方向，股價大幅下跌，往往會被迫「斷頭」（當融資股票的市值低於融

資金額的 1.3 倍以下，就會收到追繳通知，如果未在期限內繳款則會遭券商強迫賣出持股），造成血本無歸的下場。

　　因為法人不能使用融資，所以融資被視為「散戶指標」。從台股的歷史經驗來看，每波行情的高點，融資通常也會來到相對高檔；每波行情能否破底重生，也是要靠融資「斷頭」離場，才會開始觸底反轉，因此，融資是觀察行情是否過熱很重要的一個指標。

　　散戶指標不光適用於大盤，從個股的角度來看亦是如此，很多股票從高檔下墜時，融資非旦不減，反而持續增加。例如：宏達電（2498）在 1,300 元時，融資餘額只有 1 萬張，但是，當股價開始下跌時，散戶卻一路向下攤平，融資餘額向上。直到跌破 200 元關卡，股價跌幅超過 8 成，融資餘額卻高達 8 萬張，等於增加了 7 倍，代表外資都把股票倒給了散戶，股價如何能上漲呢？

　　因此，在進場前，我會特別注意融資餘額。根據經驗，有大漲潛力的股票，上漲前籌碼都是相對「乾淨」（意指融資餘額低），因此，融資占股本比率（簡稱融資比率）

最好不要超過 5%，如果低於 3% 更好。投資人要盡可能避開融資餘額過高的股票，通常都代表散戶、短線投機客過多，股價容易出現暴漲暴跌的情況。

關注買盤來源，外資或投信持續加碼才有大行情

當股票開始起漲時，投資人要留意主要的買盤是來自何方？如果是融資大買，不需要過分期待，因為可能只是一日行情；如果是外資或投信加碼，代表有機會走長線、大波段行情。

以製鞋大廠豐泰（9910）為例，2008 年股災時股價最低來到 13.75 元，當時外資持股只有 1 萬 3,000 多張，到了 2013 年 6 月股價來到 50 元整數關卡時，外資的持股也增加到 2 萬 7,000 多張。

2015 年 10 月，豐泰的股價攀上 212 元的歷史高峰，外資持股也同時創新高，來到 10 萬 7,000 多張。簡單算一下，從 2008 年的低點到 2015 年 10 月的高點，豐泰的股價漲幅高達 14.4 倍，同時期外資持股也增加了 7 倍，

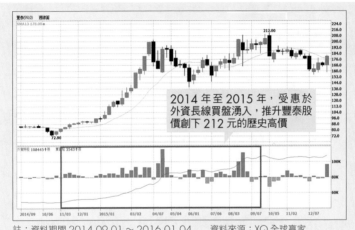

圖1 **外資持續加碼，推升豐泰站上212元**
豐泰（9910）2014年～2016年股價週線圖

> 2014 年至 2015 年，受惠於外資長線買盤湧入，推升豐泰股價創下 212 元的歷史高價

註：資料期間 2014.09.01 ～ 2016.01.04　　資料來源：XQ 全球贏家

顯示這段期間豐泰股價的驚人漲幅，外資功不可沒（詳見圖1）。

　　我們幾乎可以說，豐泰股價大漲是來自於外資持續不斷的買進。在豐泰尚未受到外資青睞前，只是一家在自身領域默默耕耘、有點冷門的製鞋代工廠，不過，當市場發現它的價值後，過多的資金追逐有限的籌碼，股價上漲是可

以預知的結果，加上豐泰具備家族企業的特性，光是董監事加上大股東的持股就超過 50% 以上，這些股票的占比，長期來看幾乎不動如山，當外資買盤蜂擁而至時，推升股價大幅飆漲，一點也不令人意外。

選擇經營階層加上大股東持股至少超過 25%，以及融資占股本比率低於 5% 的股票，進場後，如果股價上漲來自於外資的持續買進，通常就會走長線多頭行情，很少有例外。

雖然我沒有把觀察籌碼變化列入 8 大核心選股法則之一，但是，因為股價能不能上漲，什麼時候開始上漲，以及漲到何時，都能從籌碼中看到一些端倪，有無法替代的重要性。當籌碼穩定集中在少數固執的投資人手上，而企業的未來表現也備受期待時，往往股價上漲的幅度就會超乎想像。下次進場前，記得先問自己一個問題：籌碼在誰手上？

查詢董監事持股與融資比率

首先,進入元大證券官網(www.yuanta.com.tw),在左上方搜尋欄位填入個股簡稱或代碼(此處以❶「豐泰(9910)」為例);接著點選❷「查詢」。

接著,進入個股資訊頁面,點選左方❶「籌碼分析」→❷「董監持股」,即可以看到董監事與持有股權前10名股東在上個月的持股明細,將❸「持股比例」相加,即可得知董監事與大股東合計持股比重是多少。

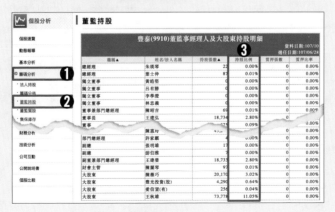

接續下頁

STEP
3

如果要再查詢融資占股本比率，先點選左方選項❶「籌碼分析」→❷「籌碼分布」，系統就會顯示最近一日的籌碼分布狀況，投資人可以看到豐泰在2018年12月11日的融資餘額占股本比率，僅❸「0.09%」。

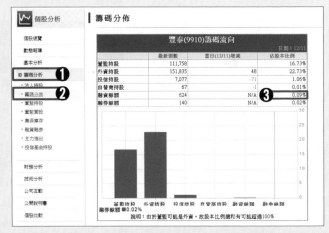

資料來源：元大證券

3-2 首選股本小於30億標的 股價漲幅更驚人

「大象不會疾奔,雷射光束強過散彈槍。」這句話是《散戶兵法祖魯法則》裡的名言,其中,大象不會疾奔,意指市值太大的公司,會因為成長動能不足加上股本太大,股價難以一飛沖天。

過去 80 年,美國小型股報酬大勝大型股

從過去的資料顯示,小型股的長期報酬率會優於大型股。根據傑里米‧辛格爾(Jeremy J. Siegel)的著作《長線獲利之道:散戶投資正典》中,他將 1926 年至 2006 年美國股市 4,252 檔股票,依照市值大小區分為 10 個等級後發現,規模等級最大的股票,以複利計算的年化投資報酬率為 9.60%;規模等級最小的股票,以複利計算的年化投資報酬率卻高達 14.03%,遠勝大型股 4.43 個百分點。

表1 **回顧美股，小型股年化報酬優於大型股**
1926年至2006年美股依市值分10等級之年化報酬率

等級	公司家數（家）	規模最大公司的市值（百萬美元）	占總市值比率（％）	以複利計算的年化報酬率（％）
最大	168	371,187,368	61.64	9.60
2	179	16,820,566	13.81	11.00
3	198	7,777,183	7.24	11.35
4	184	4,085,184	4.02	11.31
5	209	2,848,771	3.17	11.69
6	264	1,946,588	2.76	11.79
7	291	1,378,476	2.15	11.68
8	355	976,624	1.83	11.88
9	660	626,955	1.92	12.09
最小	1,744	314,433	1.47	14.03

資料來源：《長線獲利之道：散戶投資正典》

長期累積下來，兩者投資報酬率的差距可謂不小（詳見表1）。同樣地，如果以台股來看，每年漲幅最多的前10檔個股裡，大部分幾乎都是中小型股。

表2是2017年上市櫃前10大飆股，其中，只有快閃記憶體廠旺宏（2337）的股本超過新台幣百億元，其他9檔的股本都在50億元以下，有8檔甚至不到13億元。

表2	**2017年台股前10大飆股多為小型股**		

2017年台灣上市櫃10大飆股全年漲幅與股本

代號	公司	全年漲幅（%）	股本（億元）
2337	旺宏	855	180.48
1475	本盟	549	1.60
4303	信立	564	2.00
3162	精確	543	12.65
2342	茂矽	519	11.31
4943	康控-KY	458	10.72
2327	國巨	502	35.06
8913	全銓	396	0.74
3018	同開	349	6.75
6150	撼訊	348	3.03

註：1. 全年漲幅為 2016 年收盤價至 2017 年收盤價的漲幅，資料統計至 2017.12.29，
並且四捨五入至整數；2. 股本取自 2017 年度各公司合併資產負債表；3. 旺宏、本盟、
信立、茂矽、國巨、全銓於 2017 年皆有辦理現金減資
資料來源：公開資訊觀測站、台灣證交所

這 10 檔標的中，有 6 檔都在 2017 年執行現金減資。如果排除現金減資的股票，再重新排名一次，2017 年漲幅前 10 名的個股，股本全數都在新台幣 15 億元以內。

股本小的公司，因為流通在外的籌碼量少，一旦受到資金青睞，股價相對容易受到拉抬，所以對資金相對有限的散戶而言，選擇股本小的小型成長股，是在短時間內找尋

高報酬率的機會。

　　小型股之所以對一般投資人有利，還有一個重要的原因，就是股本小，成交量低，比較不受法人青睞，因此可以成為冷門飆股的機會比較高。大型權值股因為與大盤連動密切，所以同時間都有好幾家券商的研究機構追蹤公司動態，並且發表最新的研究報告，使得一般投資人撿到便宜價位的機率相對較低。

一旦遇到行情修正，小型股跌幅將比大型股劇烈

　　另外，值得留意的是，雖然小型股上漲的潛力無窮，但是，一旦遇到修正行情，跌幅往往也會比大型股來得劇烈。加上許多小型股每天的成交量不到百張，容易出現賣不掉的問題，如果想投資這類股票，投資人要謹慎。

　　以我個人而言，我會首選股本 30 億元以下的小型成長股。根據過往經驗，符合此條件的股票，一旦開始上漲，由於股本小，籌碼容易掌握，因此股價往往有機會呈現大幅飆漲。

　　但是，如果投資人看好一檔股票，深入研究後發現所有條件都符合我們的選股法則，只是股本太大，這時當然不能輕易錯過。只要企業的成長性優於預期，股價不管是急漲或緩漲，早晚都會來到合理的價位，台股資優生台積電（2330）這幾年的大漲，就是一個絕佳的例子（台積電股本高達 2,593 億元，但是，2012 年至 2017 年股價上漲約 2 倍）。

3-3 透過負債比與利息保障倍數衡量企業還債能力

在正常的情況下,我們會希望公司的負債愈低愈好,最好負債比不要超過 50%,我們想投資的是企業的獲利能力與資產而非負債。負債比過高,通常代表高額利息的支出,也代表公司在營運上承受較高的財務風險。而負債比是指企業總資產裡負債的占比,計算公式為:

負債比＝負債總額 ÷ 總資產 ×100%

簡單來說,如果一家公司的負債比是 40%,代表負債金額占總資產的 4 成,也就是企業用來營運的資金,有 40% 是來自借貸。我會考慮負債比,主要是衡量企業永續經營的能力,因為企業獲利如果是來自於大量舉債與過度的槓桿操作,只要一時誤判情勢或遭遇市場景氣迅速反轉,企業的營運就可能會曝露在危機下。

雖然我們希望企業的負債愈少愈好，但是，並不代表我們要求公司零負債。如果企業看到未來的潛在商機，不過手上的資金不足以應付擴廠或添購設備的需求，此時適度的舉債，對於公司的成長性與股東權益都會有正面的幫助。

依據產業屬性不同，負債比的標準也不相同

此外，每個產業的屬性不同，合理的負債比也不相同。例如：台灣兩大租賃商中租-KY（5871）與裕融（9941），在 2017 年的負債比分別高達 82.8% 與 89.6%。如果我們只看數字會覺得高得嚇人，但是，深入研究後會發現，租賃業的營運模式就是跟銀行借款，再放款或將設備租賃給所需的企業，因此，負債比自然會高於其他產業。另外，像是金融業都是拿客戶的存款保單來賺錢，因此負債比幾乎都高達 9 成以上。投資人在考量負債比時，必須依據不同產業進行評斷。

企業的負債種類大致可以分為流動負債與非流動負債：流動負債是指 1 年內到期的債務，包括應付帳款與票據、其他應付款、短期借款、遞延所得稅負債等，這些都是營

運上無可避免的負債。非流動負債則是指到期時間在 1 年
以上的債務，包括向銀行的長期借款，以及發行公司債等。

比較值得投資人注意的是，非流動負債裡的「長期借款」
與「應付公司債」，因為它們是需要支付利息的債務，我
們通常希望兩者的占比不要過高。一般而言，我們會希望
有息的長期負債占總資產的比重，至少維持在 20% 以下，
一旦占比太高，所需支付的利息就會大增。這個部分我們
可以從利息保障倍數進一步觀察。

利息保障倍數＝ EBIT（稅前息前淨利）÷ 利息費用

利息保障倍數就是用來評估，公司賺來的盈餘是否能償
還負債的利息，是用來衡量企業支付利息費用的能力。倍
數愈高，表示債權人受保障的程度愈高，也代表債務人支
付利息的能力愈高。

因此，利息保障倍數應該愈高愈好，例如：台積電
（2330）2017 年底的負債總額雖然高達 4,691 億元，
但是，公司總資產高達 1 兆 9,918 億元，換算下來，負債

比只有 23.6%。再從資產負債表觀察，我們可以發現，台積電沒有長期借款，只有 918 億元的應付公司債。以台積電 2017 年的 EBIT（稅前息前淨利）3,994 億元，除以利息費用約 33 億元，利息保障倍數高達 121 倍左右，顯示台積電的資產結構優異。

反觀航運業從 2008 年金融風暴後，產業歷經了長達 10 年的衰退期，使得大型貨櫃船業者陽明（2609）的資產品質逐年惡化，負債比也因此持續攀升。2017 年總負債金額約 1,063 億元，雖然負債金額還不到台積電的 1/4，但是，負債比卻高達 80%。

利息保障倍數逾 20 倍，代表財務狀況穩健

如果仔細研究陽明的負債內容就會發現，非流動負債高達 620 億元，占負債總額將近 6 成，2017 年所支付的利息約 18 億 1,000 萬元。以陽明 2017 年稅前息前淨利 24 億 4,000 萬元來計算，利息保障倍數只剩下 1.35 倍，等於辛苦一整年所賺到的淨利，扣除利息後，所剩無幾。在這樣的情況下，公司除了等待整體產業的景氣好轉

之外，只能不斷地舉債度日；因此，投資人可以看到，陽明 2008 年的負債比只有 46%，到了 2018 年第 1 季已經來到 81%，顯示公司資產品質逐年惡化。

根據統計，截至 2017 年底為止，台股上市櫃超過 1,600 檔股票裡，有超過 1 成個股的利息保障倍數在 2 倍以下，甚至有近百檔股票是負值，代表企業的獲利不足以支付負債的利息，如果長期下去，營運狀況將岌岌可危。

我覺得企業經營與個人生涯在本質上是相通的，當你一整年辛勤工作所賺取的利潤，連支付銀行的利息都有問題的話，還有什麼未來性可言。相同地，如果企業的淨利光是用在支付利息上，就已經去掉一大半，還有什麼餘力能提高資本支出或增加投資，況且還沒有計算到所得稅，以及償還銀行借款本金等支出。長期來看，企業的競爭力就會逐漸流失，營運前景堪憂。

因此，相較於比較負債比的高低，利息保障倍數更值得關注。雖然市場上大部分的說法是 5 倍以上算合格，但是，我個人認為，理想的利息保障倍數應該要 20 倍以上，而

且數值愈高愈好。換句話說，利息應該控制在稅前息前淨利的 5% 以內。較高的利息保障倍數，代表企業長期的財務相對穩健，而且產生稅後淨利的能力較佳。

從流動比和速動比，輔助觀察企業償還短債能力

除了負債比與利息保障倍數之外，如果投資人想進一步了解企業的營運體質，可以從「流動比」和「速動比」來衡量。其公式如下：

$$流動比 = 流動資產 \div 流動負債 \times 100\%$$

$$速動比 = \frac{(流動資產 - 存貨 - 其他資產)}{流動負債} \times 100\%$$

流動資產指的是可以在 1 年內變現的資產，例如：現金與約當現金、應收款項、存貨等，而流動負債指的是應付票據、帳款、利息、股利、1 年內到期的短期負債等。流動比是用來衡量，公司利用流動資產償付全部流動負債的能力，雖然不同產業的經營情況不同，但是，一般認為，流動比應該高於 150% 比較理想。

而速動比又比流動比更嚴格，是將流動資產減去變現能力較差的存貨與其他資產，剩餘金額（速動資產）就是可以即刻變現的現金、約當現金、應收款項，以用來檢驗企業突然遭遇短暫危機時的償債能力。

負債比最好低於 50%、流動比大於 150% 尤佳

一般來說，速動比應該高於 100%，表示公司所擁有的現金等具有及時變現能力的速動資產與流動負債相等，代表能夠隨時償還全部的流動負債。

雖然股價能不能上漲，跟公司的財務結構沒有直接的關係，負債比低不表示股價一定能上漲，負債比高也不代表股價會即刻下跌，但是，不代表投資人可以忽視。

對企業而言，擁有強大的獲利能力就像一把鋒利的寶劍，而穩健的財務結構就像一面堅固的盾牌。如果防守出現漏洞，不管進攻的表現多麼突出，還是可能因為一時的疏忽，而造成失敗的結局。而負債比、流動比、速動比與利息保障倍數，展現的就是企業財務的穩定度，雖然與股價能否

大漲沒有直接的關係,但是,我還是希望買進的股票是能讓我安心睡覺的好標的。

　　原則上,選擇負債比低於 50%、流動比在 150% 以上、速動比在 100% 以上、利息保障倍數在 20 倍以上的個股,會加深我的持股信心。

查詢企業負債比、流動比、速動比與利息保障倍數

 STEP 1　進入元大證券官網（www.yuanta.com.tw），在左上方搜尋欄位中填入想要查詢的標的（此處以❶「台積電（2330）為例」，並且點選❷「查詢」。

 STEP 2　進入個股資訊頁面後，點選❶「財務分析」→❷「財務比率季表」，即能看到台積電最近幾季的單季財務指標。將頁面往下拉至「償債能力指標」，就能看到❸「流動比率」、❹「速動比率」、❺「負債比率」，以及❻「利息保障倍數」等數據。

籌碼分析									
財務分析 ❶	存貨週轉率(次)	1.34	1.32	1.55	1.88	1.87	1.89	2.27	2.44
・資產負債簡表	平均售貨天數	67.89	68.89	58.8	48.42	48.63	48.23	40.09	37.3
・資產負債季表	固定資產週轉次數	0.25	0.22	0.23	0.26	0.24	0.2	0.23	0.27
・資產負債年表	淨值週轉率(次)	0.17	0.15	0.16	0.19	0.18	0.15	0.16	0.2
・損益季表	應付帳款付現天數	20.25	22.32	21.85	19.35	19.68	21.59	20.87	19.38
・損益年表	淨營業週期(日)	85.69	84.79	79.16	68.58	70.29	73.31	65.58	62.78

	償債能力指標								單位：%
・財務比率季表 ❷	期別	2018.3Q	2018.2Q	2018.1Q	2017.4Q	2017.3Q	2017.2Q	2017.1Q	2016.4Q
・財務比率年表	種類	合併	合併	合併	合併	合併	合併	合併	合併
・現金流量季表	現金流量允當%	N/A	N/A	N/A	N/A	N/A	N/A	N/A	N/A
・現金流量年表	現金再投資% ❸	N/A	N/A	N/A	N/A	N/A	N/A	N/A	N/A
	流動比率	267.15	207.14	271.48	238.97	236.12	160.08	256.75	256.95
❹	速動比率	228.1	181.49	231.5	215.17	207.91	147.24	238.97	239.3
	總負債/總淨值	25.01	37.75	27.55	30.81	28.64	47.98	32.85	35.71
技術分析	負債比率% ❺	20	27.41	21.6	23.55	22.27	32.42	24.73	26.31
	淨值/資產	80	72.59	78.4	76.45	77.73	67.58	75.27	73.69
公司互動	長期資金適合率(A)	155.72	152.19	160.13	151.95	142.92	133.78	153.32	154.66
	借款依存度	10.52	8.73	11.79	14.05	14.34	17.43	16.05	17.93
公開說明書	或有負債/淨值	N/A	N/A	N/A	N/A	N/A	N/A	N/A	N/A
	利息保障倍數 ❻	134.81	140.41	124.7	135.46	120.21	103.53	120.78	139.08

資料來源：元大證券

3-4 分析現金流量表 掌握企業資金實際流向

在檢視企業財務的穩定度時，除了觀察企業的負債比是否過高之外，關注企業的現金流量是否維持正向、自有現金是否充沛也是至關重要。過去投資人在研讀公司財報時，都把重心放在「綜合損益表」與「資產負債表」，而忽略了「現金流量表」，但是，隨著企業營運的擴張化與複雜化，現金流量的重要性絕不亞於綜合損益表和資產負債表。

現金流量之所以重要，是因為「現金」是一家公司最不可或缺的元素，不管是支付員工薪水、廠商貨款、銀行利息、政府稅金、水電費等，都需要現金。如果公司需要進一步擴廠、添購設備等，更是少不了它。

通常一家營運陷入虧損的企業，並不會立即倒閉，因為只要手上現金充足，就不會有太大的問題。可是，一旦公

司現金用完，周轉出現問題，就有立即倒閉的風險。因此，對投資人來說，現金流量表絕對不能忽略。

投資人從綜合損益表能看出公司的營運績效、從資產負債表能看出企業的總資本結構，而從現金流量表則能清楚看出金錢的實際流向。

充沛現金流量是經營基石，投資人須留意 4 重點

許多價值型投資人在觀察公司財報時，因為考慮到持股的安全性，所以會把現金流量表擺在第一個位置，目的就是要確認企業能否永續經營，不會因為自有現金的不足，而產生倒閉的風險。

現金流量表主要分為營業活動、投資活動與融資活動等 3 大項，最後還會顯示本期產生了多少淨現金流量，它們觀察的重點如下：

1. 營業活動現金流最好大於或接近稅後淨利

營業活動現金流指的是企業透過營運所賺取的現金，也

就是本業真正賺到的現金。有時候，公司的淨利不一定代表真實的獲利，看營業活動現金流可以確定實際流入的現金。通常我會觀察近 5 年營業活動現金流的表現，如果平均營業活動現金流大於或接近稅後淨利（近 5 年平均營業活動現金流＞近 5 年平均稅後淨利），代表公司確實有收到來自本業的現金。但是，如果綜合損益表長期有獲利，營業活動現金流卻呈現負值或實際流入的現金很少，就代表財務結構有問題，投資人需要特別小心。

2. 投資活動現金流最好維持在營業現金流的 6 成以下

投資活動現金流是指，企業固定投資與長期投資的支出，或出售投資資產所產生的現金流，例如：購置設備、土地或蓋廠房等，會造成投資活動現金流出，而公司出售長期投資事業的股票或賣掉土地，則會產生投資活動現金流入。

一般來説，從企業投資金額的多寡，可以看出公司對未來營運所展現的企圖，原則上，最好是以淨流出為主。但需要留意的是，長期來看，投資活動現金流出的金額，不宜高於營業活動現金流入金額，否則就代表企業的獲利不足以應付投資支出；即使賺的錢統統拿去再投資，也還是

不夠，也就是俗稱的「錢坑」公司。如果近 5 年投資活動
現金流維持在近 5 年營業活動現金流的 6 成以下，是相對
比較理想的狀態。

3. 成長型公司容許適度融資增加現金流入

融資活動現金流反映公司融資所產生的現金流狀況，例
如：發行公司債、新增借款、向投資人募資等，都能透過
融資讓現金流入；相反地，如果是支付現金股利或對銀行
還款，就會造成融資的現金流出。

當企業在追求成長的情況下，適度透過融資行為籌措資
金，我認為有其必要。但是，如果本業沒有獲利，反而長
期靠銀行借款、發行債券籌資，才能保有一線生機，這樣
的公司就應該敬而遠之。

4. 本期產生現金流須維持正數且逐年淨成長

檢查完 3 大項目後，最後必須查看本期產生現金流是否
為正數？如果出現負數就需要進一步檢視，找出真正的原
因。投資人也別忘記，要留意最近幾年的期初與期末「現
金及約當現金」的變化，通常具備投資價值的企業，長期

表1 台積電營業活動之現金流量逐年成長

台積電（2330）歷年稅後淨利和現金流量簡表

項目	2013年	2014年	2015年	2016年	2017年
稅後淨利（億元）	1,881	2,639	3,066	3,342	3,431
營業活動之現金流量（億元）	3,474	4,215	5,299	5,398	5,853
投資活動之現金流量（億元）	-2,811	-2,824	-2,172	-3,954	-3,362
融資活動之現金流量（億元）	321	-323	-1,167	-1,578	-2,157
本期產生現金流量（億元）	993	1,158	2,042	-214	121
期末現金及約當現金（億元）	2,427	3,585	5,626	5,413	5,534

註：本表單位以四捨五入取至新台幣億元　　資料來源：XQ全球贏家

的期初現金與期末現金會呈現持續淨成長的態勢；反之，如果期末現金呈現逐年遞減，就代表企業除了營運動能不足之外，籌資能力也有問題，值得特別留意。以下我們以台積電（2330）的現金流量表，來進一步說明觀察重點。

從台積電的現金流量簡表來看（詳見表1），近5年（2013年～2017年），公司的賺錢能力非常優異，加

上折舊後，營業活動現金流量每年都大於稅後淨利，並且現金流入的金額逐年增加，從 2013 年的 3,474 億元成長至 2017 年的 5,853 億元。

自由現金流量愈充裕，代表股利配發能力愈強

台積電的投資活動現金流出，近 5 年合計高達 1 兆 5,123 億元，雖然金額龐大，但是，近 5 年來自營運活動的現金流量累積高達 2 兆 4,239 億元，換算下來，投資活動現金流量約占營業活動現金流量的 62%。隨著營收規模日益增加，2017 年的投資活動現金流量占營業活動現金流量僅 57%，代表台積電可以支配的現金愈來愈多，自由現金流量的表現愈來愈優異，更有能力提高現金股利的配發。

此外，台積電這 5 年的期末現金及約當現金也在持續增加，2013 年期末為 2,427 億元，到了 2017 年帳上期末現金已達近 5,534 億元。整體看來，台積電的現金流量表算是相當健康，投資人這段期間想必也無須擔憂公司的財務體質。

3-5 看懂3種股價線圖 輕鬆辨識飆股「漲相」

從我進入股票市場到現在，基本面分析與技術面分析兩大派別一直爭論不休。從基本面分析派的角度來看，投資應該回歸企業經營的本質。股票本身的價格，長期來看，應該會等同於企業的價值。至於技術面分析，不過就是看圖說故事，屬於旁門左道的投資技巧。

從技術面分析派的角度來看，企業的營運與未來展望已經反映在線型上，技術線圖如同企業的心電圖，早就透露出股票現況和未來可能的走勢，並且覺得基本面分析常常是落後指標，加上預期的報酬率與獲利速度太慢，資金運用不夠有效率。

如果你問我哪一個派別好，我覺得各有各的優缺點，重點在於找出最適合自己的方法。因此，當我剛開始投資時，

也一度很困擾應該採取哪種投資策略？後來我決定選擇以基本面分析為主的成長股策略。

我會選擇基本面分析，最主要的原因是因為「邏輯」。我覺得一檔股票最終能不能上漲，還是取決於企業的獲利能不能持續成長，這是最重要的關鍵。但是，這不代表我認為技術面分析就一無可取。紀律良好的技術派投資人，我相信一樣能在市場中創造豐厚的利潤，差別只是在於，並不是每位投資人都適合用技術面分析。不過，不要因為覺得自己不適用，就完全否認它存在的價值。

如果一個策略經過市場不斷的測試後，證明成功的機會大於失敗的機會，就是一個有效的策略，哪怕是屬於技術面分析，同樣也是一個好的策略。雖然台股有超過 1,600 檔的股票，但是，如果你仔細觀察股票的走勢就會發現，絕大部分的個股都有某些共同性，而這些相同之處往往傳達出一些訊息，告訴你股價未來的走勢。

根據我的經驗，有 3 種主要型態的走勢，顯示未來股價很有機會上漲。當你從「翻倍成長投資術」中發掘到符合

條件的個股後，如果標的的走勢符合「創新高」、「盤整向上」、「創高拉回」這 3 種型態其中之一，代表股票在短時間內上漲的機率大增，就有機會加速上漲的時間。

創新高》高點修正後量縮，蓄積動能突破前高

所有市場上最強勢的股票，都是一直持續創新高，因此，對於成長股的投資人來說，找出未來最具大漲潛力的股票，可以說是最重要的事。只要你的投資組合裡有 1、2 檔這種類型的股票，就能夠繳出優異的投報率。

具備強勢上漲條件的個股，除了企業獲利成長的能力佳之外，從技術線型的角度來看，往往都具備相同的型態——股價拉回後又再創歷史或近年來的高點，並且配合成交量的溫和遞增，這樣型態的股票，通常都會有大行情的表現。

例如：2012 年 5 月，我買進寶雅（5904），當時的寶雅就具備創新高的型態。2011 年 7 月，寶雅的股價來到 51.7 元，創下 2002 年掛牌以來的歷史高點；之後從

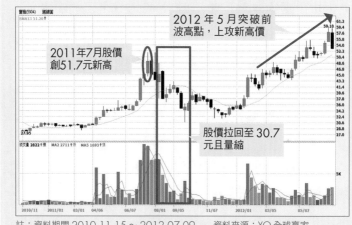

圖1 寶雅創新高後拉回，整理後再攻破前高

寶雅（5904）2010年～2012年股價週線圖

2011年7月股價創51.7元新高

2012年5月突破前波高點，上攻新高價

股價拉回至30.7元且量縮

註：資料期間 2010.11.15～2012.07.09　　資料來源：XQ全球贏家

高點一路下挫至 30.7 元，波段跌幅高達 4 成，成交量也同時壓縮到極致，接著再開始放量上攻，並且突破 2011 年 7 月的高點再創新高（詳見圖 1）。

紡織大廠儒鴻（1476）同樣也是在 2010 年 10 月創下上市以來的高點 48.9 元後，一路回檔至 30.7 元，修正幅度高達 37.2%，成交量也是同步縮小，一段時間後，股價

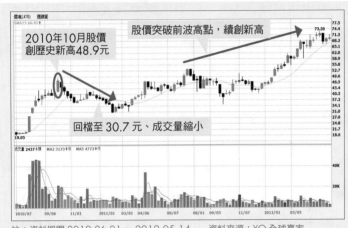

圖2 回檔後儒鴻股價2012年續創歷史高點
儒鴻（1476）2010年～2012年股價週線圖

2010年10月股價
創歷史新高48.9元

股價突破前波高點，續創新高

回檔至30.7元、成交量縮小

註：資料期間 2010.06.21 ～ 2012.05.14　　資料來源：XQ 全球贏家

再反轉向上，突破 2010 年的高點位置，再創歷史新高（詳
見圖 2）。

　　如果投資人仔細研究這兩檔股票的線圖，會發現有許多
相同處，甚至會有種如出一轍的感覺。在型態上，它們都
是屬於拉回再創新高的走勢，從長線來看，股價可能已經
漲了好幾倍，一般散戶通常不敢介入；殊不知，當一檔股

票能創高拉回再創新高,代表有強勁的基本面加持與市場
看好公司未來的後市,是這 3 種型態當中最強的一種。儒
鴻創新高後再漲 10 倍,股價最高來到 549 元(2015 年
9 月)。寶雅創新高後再漲 8 倍,股價最高來到 488 元
(2016 年 8 月)。

盤整向上》趁盤整時布局,待籌碼湧入坐享獲利

買股票沒人保證一定能獲利,有時甚至一買就套牢,即
便你把公司的基本面研究地再透徹,並且看好未來的成長
性,也無法保證股價短期內一定能上漲,買進後先跌個
10%、20% 都是稀鬆平常的事。雖然說,只要企業的獲利
狀況良好,股價遲早會還給投資人一個公道,但是,對於
資金有限的散戶來說,等待是需要成本的。如果能縮短等
待的時間與介入的風險,自然就能加速財富累積的速度。

其中,「盤整向上」是 3 種型態中,風險最低、安全性
最高的一種。通常一檔股票維持長時間的橫盤整理,代表
想出場的散戶都已經出場了,剩下來的都是固執派的長線
投資人,從籌碼的角度來看相對安定。

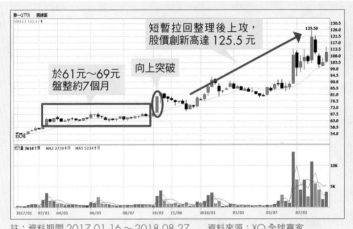

圖3 勝一盤整後帶量上攻，推升股價創新高
勝一（1773）2017年～2018年股價週線圖

註：資料期間 2017.01.16 ~ 2018.08.27　　資料來源：XQ全球贏家

　　溶劑大廠勝一（1773），近幾年受惠於工業用客戶的需求旺盛，加上產品漲價題材，因此股價表現不俗。2017年股價在61元至69元之間橫盤整理長達7個月，之後一根長紅K棒帶量向上突破，股價直奔百元大關，並且在2018年8月創下歷史新高125.5元（詳見圖3）。

　　自行車大廠美利達（9914）在2010年也橫盤整理超

過 8 個月，股價始終在 50 元至 55 元之間來回震盪。直到 2011 年 5 月一根帶量長紅，推升股價突破 60 元關卡（詳見圖 4），確立長多格局的來臨，股價在 2015 年 3 月最高來到 263.5 元。

橫盤整理格局的投資策略有兩種：第一，如果你對公司的未來深具信心，在沒有時間壓力的情況下，可以提前布局，然後等待股價的反應；第二，等待第一根帶量長紅，確定漲勢時再伺機進場，好處是可以省去等待的時間成本，買在起漲點，但是，因為股價已經開始上漲，整體獲利幅度會小於整盤時就進場布局的投資人。

創高拉回》基本面佳，漲多拉回整理後挑戰前高

股票不可能永無止境的上漲，即便是最強勢的股票，也會有漲多拉回的時候。雖然股票下跌的因素有很多，但是，只要不是基本面出問題，通常回檔後，待籌碼換手整理，就有機會再挑戰前高。

因此，當投資人看好一檔股票，只是因為股價太高而苦

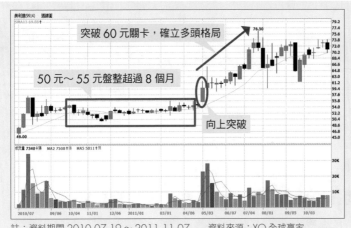

圖4 美利達盤整後向上突破，確立多頭格局
美利達（9914）2010年～2011年股價週線圖

突破 60 元關卡，確立多頭格局

50 元～ 55 元盤整超過 8 個月

向上突破

註：資料期間 2010.07.19 ～ 2011.11.07　　資料來源：XQ 全球贏家

無進場機會，就可以選擇等待；一旦市場出現系統性風險，
或好公司出現壞消息，導致股價下修，就是買進的好時機。

　　台灣租賃龍頭中租 -KY（5871），2017 年的每股盈餘
較前一個年度大幅成長 3 成，推升股價在一年內大漲超過
80%，最高來到 90 元的價位（2017 年 7 月）。但是，
因為公司預計發行 GDR（全球存託憑證），將增加約 11%

的股本,消息傳出後,造成中租-KY 的股價迅速回檔,最低跌到 73.1 元,波段回檔將近 2 成(詳見圖 5)。

雖然發行 GDR 會使股本增加,並且稀釋原本股東的股權,但是,只要未來淨利成長大於 11%,每股盈餘(EPS)還是有機會持續增長。而在中租-KY 獲利持續成長的情況下,股價從 73.1 元上漲至 114 元歷史新高(2018 年 6 月),波段漲幅逼近 56%。

用技術線型判斷進場良機,縮短時間成本

台股屬於淺碟型市場,任何國際市場的風吹草動,我們的反應往往比其他市場來得更劇烈;因此,不管是基本面再怎麼優秀的股票,每年通常會出現一到兩次的回檔,對於有耐心的投資人,反而是提供進場的好時機。

在正常的情形下,每次股價的下修幅度,約在 15% 左右(特殊情況也有可能回檔達 20% ~ 25%)。當然,想要預測下跌的幅度幾乎是不可能,最好的方式是在下跌的過程中,順勢分批進場,不要奢望買在最低點,而是盡可能

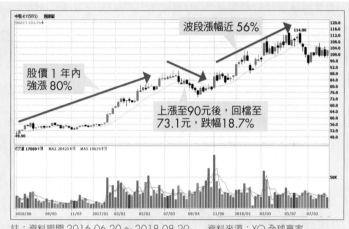

圖5 中租-KY強勢上漲回檔後再創歷史新高

中租-KY（5871）2016年～2018年股價週線圖

波段漲幅近 56%

股價 1 年內強漲 80%

上漲至90元後，回檔至73.1元，跌幅18.7%

註：資料期間 2016.06.20 ～ 2018.08.20　　資料來源：XQ 全球贏家

買在相對低點。太執著於價位，有時候反而會落得兩頭空。

　　以上是 3 種成長股最佳的進場型態，不過，有好的型態，當然也會有不好的型態，例如：創新低、盤整向下、弱勢下跌等，我會盡可能避開這些股票，因為強勢成長的股票，不會有弱勢的行情。當一檔股票的股價創新低，通常代表企業的營運出現重大的問題，除非看好未來的轉機題材，

否則萬萬碰不得。而長期橫盤向下與持續弱勢下跌，通常代表企業的營運不如預期，因為看不到企業未來的展望，所以投資人不得不持續出脫持股，就會造成股價一路下跌的長空格局。

雖然我不是技術面分析派，但是，適當的運用技術指標確實能提高勝算。當你篩選出符合「翻倍成長投資術」的股票後，再搭配技術線型作為進場的參考依據，更能掌握最佳的時機，減少獲利與等待的時間。

但要注意的是，技術面分析只是輔助的工具，就如同籃球運動，假設你用右手投籃，左手就是輔助的角色，當你雙手的力道與位置都控制的恰如其分，就會大幅提升命中率。請記住，要先有基本面再來看技術面，如果基本面不佳，即使技術面看起來再怎麼漂亮，都不該貿然進場，否則就是本末倒置；因為追根究柢，股票的價格應該是建築在企業有多少獲利，而非完美的技術指標。

Note

擬定投資策略
奠定致勝基礎

　　當你學會如何挑選好股票，並且懂得等待合理股價買進時，恭喜你，代表你已經對了一半。如果成功使用「翻倍成長投資術」是滿分 100 分的習題，你已經獲得 50 分的基本分數了；剩下的 50 分，主要是投資策略的活用。

　　關於投資策略的活用，投資人最想知道的莫過於「應該何時賣出股票」？投資界有句諺言：「會買股票是徒弟，會賣股票才是師傅。」意思是說，買股票人人都會，但是，能夠在高點出脫持股並保有獲利，才是真正的高手。

　　確實有其道理。當你買進一檔上漲的股票，其實只是對了一半，在正確的時機獲利了結，才是完美的結果。記得我在 2009 年買進自行車龍頭巨大（9921），當時尚未掌握到評估合理股價的技巧，僅僅持股不到 3 個月，波段賺了 20% 就獲利了結。

　　在我悟出成長股的買賣訣竅後，2011 年買進的美利達（9914），持股約 3 年，成功在翻倍上漲後陸續獲利了結。雖然美利達之後又漲了約 20%，但是我已經獲得總報酬率逾 350% 的成績。

由此可見，適當的掌握賣出時機，產生的獲利結果是難以想像的。本篇章我將根據自己投資的實戰經驗，歸納出最佳的停利時機。我們不追求每檔股票都能賣在最高點，那是不切實際的想法，只要能夠盡可能在一個大波段的漲勢中，賣在相對高點就可以了，其實這就是一次趨近完美的表現。

當然，即使做了再多的研究，也有可能遇到判斷失準，或企業突然發生無法預測的危機，此時，我們也要懂得當機立斷，做出停損的決策，將可能的損失降到最低。

另外，我也將在本篇章分享「翻倍成長投資術」應該如何進行資金配置，才能獲得最佳效益。還有，本書第一篇曾經介紹以「本益成長比」評估成長股的合理股價，我將再告訴你，對於那些獲利並未高速成長，但是長期營運穩健且獲利溫和成長的績優股，該如何用「總報酬本益比」來評估適合買進價位。

4-1 計算總報酬本益比 找出攻守兼備好標的

　　在第一篇我有提到,在 8 大核心選股法則中,我特別新增了「近 5 年現金股利正成長」這個選股法則,主要是受到美國著名傳奇基金經理人約翰・聶夫(John Neff)所提出「總報酬本益比」的啟發。

　　總報酬本益比(total return ratio)的概念出自於《約翰・聶夫談投資》一書,亦是作者約翰・聶夫最常用來評估股價是否值得進場的重要依據。《約翰・聶夫談投資》的中文版於 2000 年由寰宇出版,而我一直到 2016 年才發掘到此書。

　　總報酬是指「盈餘成長率」加上「收益率(殖利率)」的「總報酬率」,再把總報酬率除以本益比,即可得到「總報酬本益比」數字,其公式為:

表1 **總報酬本益比逾1.2倍代表股價被低估**

總報酬本益比買進與賣出標準

數值	意義	策略
高於1.2倍 （高於1.6倍更佳）	股價被低估	買進
0.8倍～1.2倍	股價在合理範圍	空手者不買，持有者不賣
低於0.8倍	股價被高估	賣出

總報酬率＝盈餘成長率＋收益率（殖利率）

總報酬本益比＝總報酬率 ÷ 本益比

假設一家公司的盈餘成長率為 10%，收益率為 5%，兩者相加即為總報酬率 15%，如果目前的本益比為 12 倍，總報酬本益比則為 1.25 倍（15÷12）。

如果總報酬本益比高於 1.2 倍，代表目前股價遭到低估，可以考慮進場；如果總報酬本益比在 0.8 倍至 1.2 倍之間，代表目前股價在合理範圍內，空手的投資人可以先觀望；如果總報酬本益比低於 0.8 倍，代表目前股價被高估，建議快快賣出（詳見表 1）。

總報酬本益比與本益成長比唯一不同處在於，總報酬本益比加計收益率，如果數值高於 1.2 倍，代表具備投資價值。有些投資人或許會覺得，計算盈餘成長率有些難度，因為影響未來獲利增長的不確定因素有很多，但是，收益率的預估相對容易，只要企業的獲利維持穩健，並且參考公司過去的配息率，就可以掌握。未來淨利的表現有其不確定性，投資人對於盈餘成長率的預估，允許有一定程度的落差。

個股總報酬本益比大於台股平均值 2 倍時可買進

為什麼股票市場長期來看總是持續上漲呢？我曾經認真思考過這個問題，也聽過各種不同的解釋，但是，我覺得最好的解答是，「因為企業的獲利持續不斷成長」。當上市企業的盈餘不斷增長，在預期未來比現階段更好的情況下，就會湧入買盤，使整體市場的市值向上推升。

長期來說，台股（發行量加權股價指數）的平均年化報酬率約 6% ～ 8%。而根據「發行量加權股價報酬指數」的統計，2006 年至 2017 年，台股的年化報酬率為 8.07%。

同時期，整體上市公司的盈餘年增率為 4.87%（編按：根據台灣證交所的資料，2005 年台灣上市公司的平均每股盈餘約 1.61 元，至 2017 年平均每股盈餘約 2.3 元，計算 12 年之年化報酬率約為 4.87%），加上平均殖利率約 4%，合計的總報酬約為 8%～9%，與台股的年化報酬率相當接近。可以說，台股的年化報酬率與上市公司的獲利表現、股利政策，長期是有絕對的相關性。

近幾年台股的平均本益比約落在 14 倍～16 倍，如果維持 8%～9% 的總報酬率，計算出總報酬本益比為 0.5 倍至 0.6 倍。而以總報酬本益比估算個股的股價時，建議的買進標準，最好是在台股平均總報酬本益比的 2 倍以上。意思是說，我們理想的買進條件是總報酬率高於台股平均值，而本益比低於台股平均值的個股。

舉個例子，假設有一檔股票的盈餘成長率為 12%，加上 6% 的收益率，合計總報酬率為 18%。如果這檔股票的本益比只有 10 倍，則這檔個股的總報酬本益比為 1.8 倍，高於台股平均 0.6 倍，也超過買進條件 1.2 倍，代表這檔個股符合總報酬本益比的買進條件。每種策略都有各自的

優缺點，沒有一種公式能適合所有的股票，重點在於你如何運用，讓公式在你手上能得心應手。

總報酬本益比適合評估營運穩健企業

以本益成長比來說，著重在企業的獲利成長性，適合用來評估業績持續大幅增長的公司，尤其是具成長爆發力且股本較小的中小型個股，如果用來評估金融類股、原物料類股等就不合適。

而總報酬本益比的好處是加計收益率，在評估方面會比較容易些。有些企業因為股本較大或產業屬性的關係，或許沒有高速成長的條件，但是，公司的營運表現一直很穩健，產業前景也很明朗，或許盈餘成長率平均有 8% ～ 12% 的水準，再加上穩定的配息政策，在這樣的情況下，使用總報酬本益比的公式進行評估，更能適時補足本益成長比不足之處。如果說本益成長比是完全以進攻為主的投資策略，加計收益率的總報酬本益比便是攻守兼備的絕佳投資策略！

4-2 3大最佳賣股時機 讓帳面獲利落袋為安

　　根據統計，很少有股票能10年、20年永無止境的上漲，大部分個股的走勢都是漲跌互見，而我們的目標是盡可能在相對高點出場，維持絕大部分的獲利。

　　以捷安特品牌聞名全球的自行車大廠巨大（9921），股價從2001年的最低點26.2元起漲，至2015年達到歷史高點323.5元，股價累積漲幅高達11.35倍。除非你是原始股東，否則我想應該很少有人能持有巨大14年。巨大在2015年2月漲到323.5元的歷史新高後，股價隨即反轉，開啟長空走勢，至2018年10月，股價最低來到111元，從高檔計算波段跌幅超過65%（詳見圖1）。

　　毫無疑問的，巨大是全球最大的自行車製造商，也是台股的隱形冠軍，過去的獲利一直處於非常優秀的水準。但

是，近幾年遭遇產業逆風，即使像巨大這樣體質優秀的企業，也逃不過獲利衰退的衝擊，而最現實的反映，就是股價的重挫。

因此，當你買進一檔股票，千萬不能有跟它長相廝守的想法。當公司獲利持續成長時，你的確要持續抱股；當公司獲利已經撐不起高股價時，你應該要設法離場，盡可能維持該有的獲利，並且把目光放到下一個投資機會，才是上上策，否則，不只是獲利的減少，也是時間成本的消耗。

投資人買進股票後，都是希望將來有一天能以更好的價格賣出，這是不變的真諦。但是，什麼時候出脫持股才是最恰當的時機呢？我覺得有 3 個最佳的賣股時機，投資人可以選在此時出脫持股：

時機 1》當股價到達設定的目標價

買股票最令人興奮的事，無非是股價大漲。當你所持有的股票，經過一段時間的等待，終於上漲至預先設定的目標價，就可以考慮獲利了結。也許對存股派的長線投資人

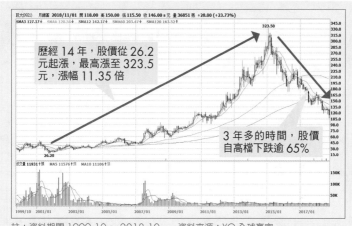

圖1 **巨大從323.5元跌至111元,重挫65%**
巨大(9921)1999年~2018年股價月線圖

巨大(9921) 月線圖 2018/11/01 開 118.00 高 150.00 低 115.50 收 146.00 $ 量 36851 張 +28.00 (+23.73%)
SMA3 127.17↑ SMA6 129.38↑ SMA12 142.17↑ SMA60 203.47↑ SMA120 163.52↑

323.50

歷經 14 年,股價從 26.2
元起漲,最高漲至 323.5
元,漲幅 11.35 倍

3 年多的時間,股價
自高檔下跌逾 65%

26.20

成交量 11931↑張 MA5 11576↑張 MA10 11106↑張

註:資料期間 1999.10 ~ 2018.10   資料來源:XQ 全球贏家

而言,會選擇持股續抱,但是,對於成長股的投資人來説,選擇在適當的時機獲利出場,更能保持資金的靈活度。畢竟資金有限,運用有限的時間換取極佳的報酬率,就是完成一次成功的任務。

　至於目標價的設定,投資人可以用本益成長比來計算。假設一檔股票以 50 元買進,並且設定預估目標價為 100

元,當股價來到 100 元時,你可以使用分批賣出的方法,100 元時先賣出一部分,往上漲後再賣出一部分,再往上漲則出脫全部的持股。分批出場的次數可以視資金部位的大小而定,建議分成 3 份至 5 份的方式分批出場。換句話說,資金較少者,可分為 3 份出場;資金較多者,可分為 4 ～ 5 份出場。

不過,值得注意的是,很多時候股價的強勢大漲,都是伴隨企業的獲利大幅成長,或對未來的展望正向樂觀,因此,投資人應該每隔一段時間,就重新檢視企業的營運狀況。如果上漲是來自於超高的盈餘成長率,或許有需要進一步上調目標價;如果上漲只是單純因為市場買盤而推升股價,我會選擇落袋為安,先把資金抽離,等股價拉回再伺機進場,或把目光放在下一檔有成長潛力的標的。

時機 2》預期公司未來的獲利衰退

當你做好萬全準備後買進一檔股票,但是公司的獲利卻不如預期,甚至出現衰退的情況,就必須立即重新檢測手上的持股,必要時甚至要盡快出脫持股,以降低損失。

　　會出現這樣的狀況，大致可以分為兩種情形。第一種是買進決策在一開始就錯誤，你可能漏掉了某個重要環節，導致你對企業的前景過度樂觀，也可能是因為股價的大漲讓你對於公司未來展望過分充滿信心，而做出錯誤的判斷。這時候應該要選擇出脫持股。股神巴菲特（Warren Buffett）說過：「如果你不打算持有一檔股票 10 年，那麼你一刻也不要擁有。」因此，即便是虧損，也必須毫不遲疑的忍痛停損。

　　第二種是持有股票有一段時間，過程中，公司的獲利狀況在預期之中，股價也反映利多而持續上揚。直到某一天，公司的獲利不再成長，這時候投資人就應該將握在手上的獲利出脫，不要戀棧。

　　但是，要特別注意的是，投資人必須謹慎評估獲利的下滑只是影響單一季度，還是未來的營運都會受到衝擊？比方像是匯兌損失、保留盈餘稅、季節性的營收衰退、產品開發投入生產機台，導致折舊攤提影響毛利率等等，都是屬於短期因素，對企業長期的營運展望不至於產生太大的影響。

如果是因為市場需求明顯下滑、出現強而有力的競爭者、公司業務與未來環保法令背道而馳、產業出現削價競爭、公司產品被更新穎的服務取代等,同樣是利空消息,影響層面就大不相同,對應方式也不相同。

上述這些都是屬於重大的利空事件,評估過後,如果投資人認定會對公司的營運帶來長期深遠的影響,建議一定要盡快出場。

時機 3》找到更有潛在獲利的標的

有人說買股票就像是選美比賽,環肥燕瘦統統有,而每個人的目標都一致,就是要選出裡面最美的佳麗。意思是說,買股票要買最具未來成長潛力的個股,只有最強的股票,未來的潛在獲利才會最高。

因此,每隔一段時間,我會搜尋市場上,是否還有其他尚未被發掘且更具潛力的股票,並且與手中的持股做比較,如果計算後發現,其他股票有更高的盈餘成長率,就會考慮換股操作。

　　換股的目的，是要讓資金有更靈活的運用。畢竟散戶的資金不多，要想辦法讓資金效應極大化，盡量在最短的時間內，追求投資報酬率的增加。

　　而換股操作是賣出股票的 3 個條件中最難的一個，因為從歷史經驗來看，完美的換股操作是有難度的。有句台灣俗語是「捉龜走鱉」，意思是顧此失彼，手中已經抓住了鱉，卻又想要抓烏龜，結果為了抓龜，不小心讓鱉給跑了，到最後落得兩頭空。

　　換股操作有時候就會碰到這樣的問題，當你發掘到一檔新的潛力股，打算換掉手上表現相對平庸的股票時，往往會發生賣出的股票沒多久後開始拚命漲，而換來的股票反而長時間處於股價文風不動的窘境。

　　遇過幾次市場的教訓後，我逐漸減少換股，除非有相當的把握，否則盡可能維持原來的持股。有時候看著別人的股票一直上漲，自己手上的股票卻一動也不動，就會興起想換股的念頭。但是，投資有時候是一場耐力賽，獲利需要等待，不要單純因為股價沒漲而換股操作，只要獲利持

續成長就應該牢牢續抱。

　　如果你真的想換股，除非有顯而易見的原因，或者在計算兩檔股票的價值後，有超過 3 成的溢價空間（換股買進新股票的潛在上漲空間，比舊股票多出 3 成獲利），才考慮換股。最好的做法是，盡可能在買進前就選擇最好的股票，才能減少換股的次數。

4-3 堅守 4原則 讓停損變成華麗轉身

2008 年，美國爆發金融海嘯讓全球的投資人損失慘重（當然也包括我在內），當時有一家財經雜誌對券商營業員做問卷調查，其中一個題目是「為什麼投資人買股票總是賠錢收場」？根據統計結果指出，有高達 7 成的營業員認為，主因是大部分的投資人沒有停損的觀念。

停損是投資策略中極為重要的一門學問，只要你在股市裡長期打滾，就一定會面臨到的問題。沒有人可以一輩子買股票都只賺不賠，或多或少一定都會遇到帳面虧損的時候；此時能夠做出正確處置的投資人，才能成為市場真正的贏家。

正因為如此，關於停損的議題在市場上一直爭辯不休。有一派主張一定要停損，有另一派認為停損沒道理。主

張要停損的人認為,當股票跌至預設的停損點(或許是10%、20% 不等),就應該立即出場,如此一來,才能夠把損失控制在一定的範圍內,設法保住大部分的資金,不至於損失慘重。

而主張不該停損的人認為,當你買進一檔股票後,雖然股價持續下跌,但是,只要你看好公司未來的前景,下跌代表能用更便宜的價格進場,買都來不及了,為什麼要停損呢?

停損有其必要性,但勿僅以股價當判斷依據

雙方聽起來都有各自的道理,主張停損是從風險控管的角度來考量,而主張不停損是從投報率的立場來思考。這讓我想起之前在學校讀視覺傳達設計時所提及的圖地反轉(figure-ground illusion),一個畫面在視覺上有兩種不同的看法,意思是指,我們對事物的認知,常常取決於我們看它的角度,以及用什麼方式看它。當圖形與背景都有不同解讀方式時,我們看到什麼,就取決於我們視何者為主體、何者為背景。

圖1 從不同角度解讀，常會產生不同的答案
圖地反轉的經典作品「魯賓之杯」

註：本圖作者為丹麥心理學家 Edgar Rubin 於 1915 年的論文〈Synsoplevede Figurer〉所提出

　　圖 1 為經典之作「魯賓之杯」（Rubin's Vase），請問你第一眼看到了什麼？是白色的杯子，還是兩張黑色的側臉？停損也是相同的道理，端看你最在乎的是風險，還是未來的報酬率。每位投資人的選擇不盡相同，重點還是在於你從什麼角度切入。

　　如果你問我會不會停損？先說結論，我覺得要停損。不過有個但書，就是不為單純股價下跌而停損。

　　在闡述我對停損的看法之前，我們先來看一張圖表，圖2是每位投資人在思考是否要停損時，都應該要先釐清的觀念。

　　假設有一檔股票，小明因為看好公司未來的發展，在股價20元的時候買進，之後股價上漲至30元，算一算小明已經獲利5成。此時，小英也看上了同一檔股票，並且在30元的價位進場，只是買進後，股價沒有如預期中持續上漲，反而是迅速回跌，股價一路從30元跌落至24元，換算跌幅也已經高達20％！

　　如果你是小英，請問你會不會選擇停損呢？如果答案是肯定，小英需要停損出場，我就想再請問，小明是否也應該在還保有獲利的情況下停利出場呢？如果你的答案是否定，原因是小明目前還有獲利，不需要急著賣出，一旦你這麼想，就代表你在停損的邏輯上是有盲點。

　　小明與小英持有同一檔股票，差別只是在於進場的價位不同。但是，企業的本質是一樣，不會因為她是小英，所以股利減半，也不會因為你叫小明，所以股利加倍。一樣

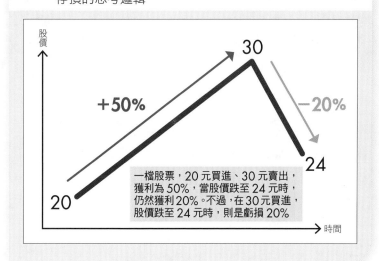

圖2 同一個價位，成本不同會影響停損決策
停損的思考邏輯

> 一檔股票，20 元買進、30 元賣出，獲利為 50%，當股價跌至 24 元時，仍然獲利 20%。不過，在 30 元買進，股價跌至 24 元時，則是虧損 20%

的企業，如果小英需要停損，為何小明不需要停利呢？因此，不要單純因為股票下跌就賣出股票，我認為真正需要停損的理由，是你一開始買進股票的理由已經消失，這才是你需要把股票賣出的唯一理由。

沒有人喜歡停損，當你在考慮要不要停損時，代表你已經在思考如何把虧損控制在最小的範圍內。除了金錢上的

損失之外，也代表你承認這是一次失敗的投資決策。偶爾看錯是正常的事，但是，如果你經常停損，可能是選股策略有瑕疵，久而久之，也會對自身的投資信心產生動搖。

我個人很討厭停損，因此，我會盡可能做好完善的買進決策，避免持股遇到停損的難題。一旦遇到需要停損的時候，我還是會二話不說盡快處理，事後再回頭來看，絕大部分在當下所做的停損決策都是對的。既然沒有人能避免停損，就應該盡可能讓停損所產生的殺傷力降到最低，因此，我覺得可以從以下 4 個原則著手：

原則 1》當初買進股票的理由消失

當你準備要買進一檔股票時，一定是看好公司的某些優勢，可能是預期獲利能持續成長，或許是產業穩定的龍頭地位，又或者是現金股利逐年提高等，總是有幾個你看好的理由，而這些條件就是促使你買進股票的主要原因。

假設在你持有股票的某一天，發現以下狀況：公司營收開始大幅衰退、遇到強而有力的競爭對手、股利配發大不

如前等,只要當初買進的理由消失了,不管帳面是否有獲利,即便是虧損,也應該停損出場。

股票下跌的理由有很多,但是,賣出的理由只有一個,就是企業的營運狀況開始走下坡,除此之外,都不是停損的理由。不要因為市場悲觀氛圍所造成的股票下跌而輕易出脫持股,只有原始買進理由消失,才會是你需要停損的唯一理由。

原則 2》謹慎選擇進場點,不在高本益比時進場

想要減少停損的次數,最重要的就是在買進前就先做好萬全的評估,並且審慎選擇進場點;唯有控制決策品質,才能有效減少停損的次數。

以上述小明和小英買股的例子來看,同樣一檔股票,在兩個不同的時間點,分別以 20 元和 30 元進場,結果大不相同;當股價跌到 24 元時,一個仍然保有 20% 的獲利,另一個則是虧損 20%。當然,如果公司長期競爭力無虞,下跌只是暫時的回檔修正,隨時有機會反轉向上。

　　但是，不可否認，在 20 元就先行進場的人，在心態與策略上，會比在 30 元才追價買進的人更遊刃有餘。首先，50% 的價差就擺在眼前，即使之後面對股價下跌，何時出場也只是賺多賺少的差別；再者，相較於追價者必須思考停損或攤平的心理壓力，底部進場者反而可以從容不迫的選擇停利或逢低加碼，心態上大不相同。

　　最好的方法是盡可能不以過高的價格去追逐股票，即使企業近期的財報數據驚人，也不建議用太高的本益比買進。尤其是短線急漲速度驚人的強勢股，更是隨時有回檔的風險，寧可多花一點時間等待，也不要貿然追價。

原則 3》適度分散持股，切勿重壓一檔標的

　　投資想要成功，EQ（Emotional Quotient）會比 IQ（Intelligence Quotient）更加重要。所謂的 EQ 是指情緒商數，是一種控制自我情緒能力的指數。優秀的投資人通常具備較高的 EQ，不會隨著市場的上下波動而讓自身的情緒起伏不定。當股票大漲，不會因為過於興奮而衝動進場；當股票大跌，也不會因為悲觀心情而恐慌殺出。

不過，並不是每位投資人都有高 EQ，雖說可以透過後天的學習，精準察覺自身的情緒，並且適當的控制和管理，但是，要知道自己能承受多大的壓力，不做超出自身能力範圍的舉動，才是在股市裡持續累積財富的重點。

比方說，融資買股票，很多人只想到透過槓桿來加快自己累積財富的速度，卻忘了過度的槓桿操作，需要承擔極大的風險；因為當情勢不利於你的時候，所產生的壓力，會讓你無法做出正確的判斷。看對固然好，萬一看錯，可能會造成難以挽回的下場。

同樣地，我也不贊成只單壓一檔股票的操作方式，除非你的心臟夠大顆，否則比較恰當的做法，還是應該適度分散持股。單獨投資一檔股票，除了沒有做到投資組合的平衡之外，也容易因為情緒壓力而做出錯誤的決策。

當你孤注一擲時，一旦股價下跌 30%，你帳面上的損失就是 3 成。可是，如果你持有 5 檔不同的標的，其中一檔下跌 30%，其他 4 檔則穩定持平，此時你的帳面損失只有 6%，壓力也相對少了許多。

每位投資人的情緒管理與對抗壓力的能力都不同,有的可以忍受股價下跌 5 成;有的卻連跌 5% 都難以忍受。我有一位朋友,完全不能接受自己的本錢有一分一毫的損失,因此,他把所有的錢都存在銀行,只領取微薄的利息。當然,這麼做沒有對與錯,只要找到適合自己的方法,就是好方法。

持股分散的程度該怎麼拿捏呢?重點在於了解自己情緒管理的能力,對於絕大多數投資人來說,不建議只重壓一檔股票,因為大幅虧損的壓力,會使人無法做出理性的判斷,而在本來不該停損之處停損。我建議,適度將資金依不同比率分配至 3 ～ 10 檔股票,會是適合一般投資人的持股配置。

原則 **4**》擬定適合自己的停損策略

停損一直是重要的投資策略之一,沒有停損紀律的人,長期來看,很難在市場上生存。很多買股票慘賠的人,最大的問題就是沒有設立停損,放任手上的股票不斷下跌,卻不知道該如何處理。

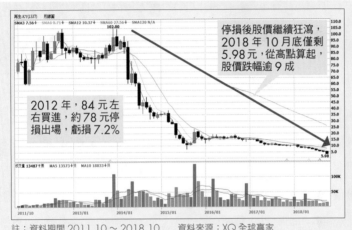

圖3 停損後股價持續探底，至今狂瀉90%
再生-KY（1337）2011年～2018年股價月線圖

停損後股價繼續狂瀉，2018年10月底僅剩5.98元，從高點算起，股價跌幅逾9成

2012年，84元左右買進，約78元停損出場，虧損7.2%

註：資料期間 2011.10～2018.10　　資料來源：XQ全球贏家

　舉例來說，我曾經在2012年時，以84元左右買進再生-KY（1337），並且在78元左右停損出場（詳見圖3）。2014年，我也曾經以65元的價位買進紅木-KY（8426），並在52元附近出清持股。雖然在停損的當下，心情難免有點沮喪，但是，事後都證明我當時的決定是正確的。

　截至2018年10月29日，再生-KY的股價最低僅剩

5.98 元，雖然當初的停損讓我虧了 7.2%，但是，如果沒有停損，現今的股價剩不到我當初買進價的 1 成。紅木 -KY 亦是如此，在我賣出後，波段最低跌到 2015 年 8 月的 18.8 元，創歷史新低，跟我當初買進價相比，跌幅達 7 成。

因此，關於停損這個主題，需要討論的並非要不要停損，應該把重點放在「如何停損」才對。只是，即使是投資界的大師，對於停損的看法也是南轅北轍，更何況是一般散戶，比方像股神巴菲特（Warren Buffett）就不會單純因為股價下跌而出脫持股（反而逆勢加碼）。

對巴菲特來說，股價愈便宜，代表購入的成本愈低，未來的隱含報酬率則愈高；而成長股大師威廉·歐尼爾（William O'Neil）則嚴格要求投資人在股價下跌超過 8% 時就務必斷然出場。由此可見，不同的投資策略有完全不同的停損方法。

而我對於停損的看法是偏向巴菲特，也就是說，除非公司的未來展望變差，否則不會單純因為股價下跌而選擇賣出股票。因為每個人對停損的看法不同，加上承受壓力的

能力也不一樣,所以並不存在一套完美的停損策略,只要是找到適合自己的停損策略,就是最好的策略。

擬定策略後須嚴格執行,硬拗只會擴大虧損

你可以跟我一樣,當你對公司未來的前景有疑慮時,選擇出脫持股;也可以單純透過價格擬定停損策略,把單一股票的損失控制在 8% 至 20% 不等。重點是,當你擬定屬於自身的停損策略後,請務必嚴格遵守。假如你設定跌幅達 15% 停損出場,當股票跌幅真的達到 15% 時,就必須二話不說執行,不可說服自己這次不同,而不停損。投資最重要的是紀律,嚴格執行停損就是紀律的展現。

4-4 透過持股配置 集中火力讓資金迅速翻倍

關於持股配置應該選擇集中持股，或分散持有一籃子的股票呢？一直以來這也是投資界中爭論不休的議題。因為除了選擇正確的標的之外，如果沒有配合適當的持股組合，往往無法放大獲利效果。其實，這兩種方法有其各自的優缺點，我先說結論，對於一般的投資大眾，尤其是以成長股為主的投資人而言，選擇集中持股的方式，才能加快獲利增長的速度。

有些投資人偏好持有數十檔各種不同類型的股票，不可否認，這麼做的好處是能分散投資風險，因為持有的標的眾多，即便其中一、兩家公司的營運出現危機，由於個別持股占投資組合的比重有限，因此不容易對資本造成嚴重的傷害。但是，也因為分散持股，長期來看很難創造優於大盤的投資績效。

發掘一檔能夠上漲 1 倍的股票容易，還是發掘 20 檔都能上漲 1 倍的股票容易呢？我想應該是前者吧。假設你把資金平均分配至 30 檔股票，其中有一檔股票漲 1 倍，投資組合的市值只會增加 3.2%，以報酬率來看，效果並不大。但是，如果你是平均分配在 5 檔股票的情況下，其中有 1 檔股票漲了 1 倍，即便其他的股票都沒有漲，投資組合的市值還是能大幅成長 2 成，相對有感許多。

分散持股不代表安全，若無研究依然有投資風險

再者，當你想買進一檔股票，應該是要經過一段時間的充分研究，並且再三確認每個細節都沒有遺漏，直到有足夠的把握，加上等待合理股價的出現，才會買進。每次的投資都是花費相當多的時間、需要全心全意的投入，對於大多數的投資人來說，即便你是專職投資人，當你需要研究 50 檔股票與你只需要專注在 5 檔股票，研究的質與量都會大不相同。

當你選擇買進一籃子不同類型的股票時，可能念茲在茲的是投資風險。你或許沒想到，雖然表面上看起來分散持

股能降低風險，但是，如果你對所持有的每一檔股票都一知半解，我敢肯定，名義上是分散投資，實質上你的風險絕對會高於別人精挑細選的 5 檔股票。

買股票並不是收藏藝術品，只需要一個空間存放即可。股票更像是有生命的植物，因為企業的營運是動態的，每一家公司對未來的展望是一直不斷在更新、在變化，尤其是 21 世紀的今天，企業的變動速度與產業的起起落落，是過去無法比擬的。

身為股票投資人，必須要時時刻刻關注企業的發展，才能夠掌握公司第一手的動態。如果你持有的股票多達數十檔，光是每月公布月營收、每季公布財報，可能就會令你手忙腳亂、疲於奔命。

我接觸過不少投資人，常常有朋友會跟我聊起他們的故事，我發現能成為市場贏家的方法有很多種，但是，常見的市場輸家往往具備一個特點——把買股票當成上菜市場買菜一樣隨意。聽朋友說某檔股票不錯就買了、聽電視上的投顧老師說某檔股票前景看好，可能聽一聽又買了。每

檔股票都買 1、2 張，不知不覺手上已經持有一堆的股票，種類之多，簡直可以開一家雜貨店了。然而，這些股票大部分都不會漲，有些抱到股票都下市，也沒有進行處置，這是台股最典型的菜籃族模式。

將資金集中於優質標的，才能快速累積獲利

過於分散持股的投資人，長期績效很少能勝過大盤，大部分的檔數（超過 90% 以上），報酬率都會落後大盤。因此，對於喜歡分散持股的投資人，我會建議直接購買元大台灣 50（0050），透過持有台灣市值最大的前 50 家企業，以追求貼近大盤的投資報酬率。雖然這麼做短期內無法擁有超額的報酬，但是長線來看，平均創造穩定 6% 至 8% 的年化報酬率是可以期待的，加上也不需要花費時間找標的，算是相當省時又省力的投資方式。

所有投資策略的目標，就是希望能創造超越大盤的報酬率。投資人想打敗大盤，就必須集中持股。當你好不容易挑出一檔具備長期成長潛力的個股，卻沒有極積運用手上的資金，最後的結果就是白白錯失讓資產翻倍的大好機會。

曾經有一段時間，我手中最主要的核心持股只有 3 檔，分別是儒鴻（1476）、美利達（9914）與寶雅（5904）。當時它們都具備一些共同點，例如：本益比不高、絕佳的盈餘成長率等，那幾年它們的漲幅都以倍數計算，加上我的投資組合是採取集中持股的方式，因此資產報酬率累積超過 300%，讓有限的資本能在短時間內快速的增加，這就是集中持股的好處。在你看對股票且下大注時，累積獲利的速度就會很驚人。在配置成長股時，可以參考以下 2 個原則：

配置原則 1》依看好程度分配不同資金比重

理財暢銷書《下重注的本事：當道投資人的高勝算法則》的作者莫尼斯·帕波萊（Mohnish Pabrai）是帕波萊投資基金的創辦人，該基金的年化報酬率高達 28%，勝過 99% 以上的基金與大盤指數。

他在著作裡提到的「凱利公式」，是一種透過公式的計算，告訴我們如何在風險與獲利中，把握下注最大化的資金比率，也就是交易金額應該占你的投資組合多少比重，才能讓我們在最短的時間內，完成預設的獲利目標。

　　以不擴張信用的投資組合來說，投資人只有 100% 的資金可以運用，理想的持股配置如表 1。意思是指，假設有 8 個投資機會，最看好的標的是機會 1，要投入總資金的 20%；其次看好的標的是機會 2，要投入總資金的 17%，依此類推。

　　股神巴菲特（Warren Buffett）與他的搭檔查理‧蒙格（Charlie Munger）所管理的共同基金，也是採取類似的資本配置策略，長期以來創造極其優異的投資報酬率。而我的投資組合配置也接近以上方法，我會把超過 50% 的資金，集中在最看好的 3 個投資標的上，前 5 個看好的投資標的會占整個投資組合的 7 成資金（詳見表 1）。

　　當你判斷得夠精準時，集中持股的資本配置就可以創造優異的投資報酬。但是，值得注意的是預估的精準度，因為預測是取決於企業未來的營運展望，所以預估並不能代表百分之百準確，有時候也可能出現機會 7 的表現，大幅優於機會 2 的情況。

配置原則 2》每檔個股投入相同資金比重

另外，投資人也可以採用平均分配法，也就是每檔股票的資金比重一致。如果以持股 8 檔計算，每檔股票的資金占比為總資金的 12.5%；如果以持股 5 檔計算，每股檔票的資金占比為總資金的 20%。這樣的方式，雖然不能創造最高的報酬率，但是，這個方法可以解決「配置原則 1」可能會發生的「低持有比重個股，表現卻優於高持有比重個股」的問題。

至於集中持股是否代表風險相對較高，答案是未必。根據研究資料顯示，當你持有 8 檔以上的股票，並且把投資組合分散至 4 到 5 個不同的產業，由於每個部位彼此間的相關度很低，因此波動就會顯著下降，風險就能得到一定程度的控制。

本金小於 100 萬的投資人，持股檔數勿逾 5 檔

從長期角度來觀察，巴菲特所管理的標的，幾乎很少發生虧損，喬爾‧葛林布萊特（Joel Greenblatt）與帕波萊所管理的基金，同樣也幾乎不曾發生虧損，而他們最大的共同點就是都採取集中火力的持股策略。

表1 **將過半資金放在高勝率標的，加速獲利**

凱利公式運用原則

可供投資機會	資金配置
機會1	20%
機會2	17%
機會3	15%
機會4	14%
機會5	11%
機會6	9%
機會7	8%
機會8	6%
總計	100%

資料來源：《下重注的本事：當道投資人的高勝算法則》

　　我的建議如下，如果你的資金在 100 萬元以內，持股不要超過 5 檔股票；如果你的資金在 500 萬元以內，持股不要超過 8 檔；如果你的資金超過 1,000 萬元，持股 10 檔即可。因為持有的股票檔數不多，所以每檔都應該更精挑細選，試著找出市場中最具成長潛力的個股。對於想追求優異報酬的投資人，我建議選擇集中持股。對於資金不多又想加快獲利速度的投資人來說，採取集中持股策略是不二法門。

匯集10年經驗
解析經典案例

回顧我的投資生涯,其實並非一帆風順。從 2006 年進入股票市場,直到 2009 年,累積前 4 年的投資績效是損益兩平,代表我花了 4 年的時間,結果是白忙一場,連一毛錢也沒有賺到。

現在回想起來,2008 年因為美國金融海嘯造成股市重跌,對我來說,是一個關鍵的轉捩點;它讓我認清自身投資能力的不足,也讓我明白,想在市場上生存沒有想像中那麼簡單。如果我繼續用之前不成熟的投資方式,從市場中畢業只是早晚的事,那麼想靠股票致富的夢想,真的就只是一場美夢而已。

於是我開始透過閱讀來增加投資的視野與知識,算一算花了不到 4 年,我就已經累積閱讀超過 100 本投資相關書籍,我從中篩選過濾投資大師們的投資心法,把適合的策略留下來,加上我自己的經驗累積,才逐漸演變成為一套專門以成長潛力股為主的「翻倍成長投資術」。

在這個篇章,主要想跟大家分享我這些年的台股實戰案例,包括正新(2105)、統一超(2912)、佳格(1227)、

美利達（9914）、儒鴻（1476）、寶雅（5904）、豐泰（9910）、鼎翰（3611）、台積電（2330）等個股。我將個別分享更詳盡的實戰過程，包括當時會注意到該檔股票的原因、買進之前對個股所做的評估，以及對於操作過程的心得等。

要特別強調的是，上述都是我「過去」操作過的股票，並不代表現在適合進場。當時的時空背景與現在不同，企業的獲利表現及成長性也有所變化，目前股價更不一定合理。我希望透過這些實戰過程，分享我的選股心法與操作邏輯。希望讀者能在學習之後，採取這套方法，靠自己的力量，找到能讓你獲利翻倍的成長股。

除此之外，自金融海嘯的震撼教育之後，這些年來，我雖然創造優於大盤的投資績效，但以個股來說，也並非每次都是成功獲利出場。我將在本篇最後一章，分享我曾經操作再生-KY（1337）、綠悅-KY（1262）的失敗案例。投資有時候免不了會犯下一些錯誤，重點在怎麼從錯誤中自省，並修正錯誤，讓自己能夠避免重蹈覆轍，透過失敗的學習讓自己變得更強大，才是更重要的投資致勝關鍵。

5-1 民生消費股》統一超、佳格 從日常生活找尋投資標的

2009 年，全球市場歷經金融海嘯後開始復甦，當大家還在驚魂甫定之際，台股在當年 9 月已經站回 7,000 點。從 2008 年 11 月的波段低點 3,955 點開始起漲，短短 10 個月反彈超過 80%。而我也趁這一波 V 型反彈，把手上的弱勢股停損出場，例如：奇美電（2010 年併入群創）、東和鋼鐵（2006）、允強（2034）、四維航（5608）等。

我發現，2008 年會慘賠的主要原因，是我在景氣最熱絡時，抱了一大堆景氣循環股，而當市場反轉向下時，股價大幅下修幾乎是可以預見的結果，然而，當初在買進這些景氣循環股時，我尚未有這種自覺。有了失敗的慘痛教訓後，讓我開始重新思考選股的重要性。

是否有企業是不受景氣榮枯影響，不管景氣好壞，公司

的獲利都能夠維持穩定呢？答案是「民生消費股」。當房地產不好時，首當其衝的除了營建業、房仲業之外，相關的鋼鐵、水泥、衛浴設備等產業，也深受影響。但是，對於食品類、電信類、保全類、油電燃氣類等產業，影響相對較小，因為不管景氣如何低迷，吃飯、上網等日常支出還是不能少。

統一超》用多元化服務，挺過金融海嘯衝擊

我是在 2009 年 9 月買進統一超（2912）這檔股票，我會注意到它，是因為當時我在外面租房子，樓下剛好有一家 7-11。我發現我每天都會不由自主地光顧好幾次，包括買飲料、買便當、繳帳單、領包裹、拿門票、買咖啡等，幾乎生活中的大小事，一家便利商店就能幫你輕鬆搞定。

進一步觀察統一超的獲利表現，2008 年每股盈餘（EPS）為 3.85 元，相較於 2007 年的 3.96 元，只有微幅減少約 2.8%（詳見表 1）。2008 年，在大部分公司的獲利都呈現大幅衰退的情況下，統一超的表現算是非常優異，代表公司的營運幾乎不受景氣的影響。

表1	即使面臨金融海嘯，統一超獲利仍不俗

統一超（2912）歷年經營績效

年度	營業收入（億元）	稅後淨利（億元）	每股盈餘（元）
2004	953	30	3.33
2005	1,199	37	3.99
2006	1,329	38	4.18
2007	1,420	36	3.96
2008	1,459	35	3.85
2009	1,483	41	3.90
2010	1,699	57	5.51
2011	1,893	64	6.11
2012	1,926	59	5.69
2013	2,006	80	7.73
2014	2,004	91	8.74
2015	2,055	82	7.92
2016	2,154	98	9.46
2017	2,211	310	29.83

2009 年 9 月決定買進統一超前，觀察到統一超獲利穩定，即使金融海嘯發生的 2008 年，獲利僅有微幅下滑

註：1. 營業收入與稅後淨利四捨五入至新台幣億元；2. 統一超於 2017 年獲利暴增至 310 億元，主要原因是出售上海星巴克股權的一次性獲利約 210 億元入帳

資料來源：XQ 全球贏家

　　當時（2009 年 9 月）我預估統一超 2009 年的每股盈餘有接近 4 元的水準，比 2008 年可望小幅成長，加上股價從 2008 年高點 122.5 元下修後，整整橫盤整理超過一年，股價都在 75 元上下。本益比雖然不算低，但是考量

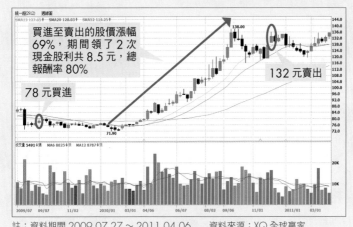

圖1 統一超自2010年起漲，展開波段行情
統一超（2912）2009年～2011年股價週線圖

買進至賣出的股價漲幅69%，期間領了2次現金股利共8.5元，總報酬率80%

78元買進

132元賣出

註：資料期間 2009.07.27～2011.04.06　資料來源：XQ全球贏家

統一超在產業的龍頭地位，加上持續展店，並且積極進軍海外市場，一旦能順利複製台灣的營運模式，未來成長動能令人期待。

因此，我是在78元左右進場（詳見圖1），買進後，股價又整整打底了半年，在2010年4月才開始表態，一路上漲至9月，股價最高來到138元。我在當年12月以

132 元的價位出清持股，理由是股價短線漲幅過高。總計我持有統一超一年多的時間，含 2 次現金股利的總報酬率達 80%。

雖然統一超之後的股價持續上漲，2018 年股價創歷史高點 378 元，難免覺得可惜，但是，我也學到，當股價上漲時，不要預設股價的上漲空間，如果一檔股票的獲利持續創高，千萬不要輕易出脫持股。

佳格》旗下食品受青睞，金融海嘯時獲利依舊佳

從買進統一超開始，我逐漸改變過去的選股模式，不再以買進市場熱門股來追求短期獲利，而是改以追求穩健成長的民生消費股為主。比方像是茶葉製造商天仁（1233）或血壓計大廠百略（已下櫃）、健康食品大廠佳格（1227）等，波段持有都有不錯的報酬率。

第 1 次進場原因》連 3 年獲利高成長且本益比低

我是在 2009 年 11 月第一次買進佳格，當時進場價是 36.8 元（詳見圖 2），不過，因為資金有限，所以我持

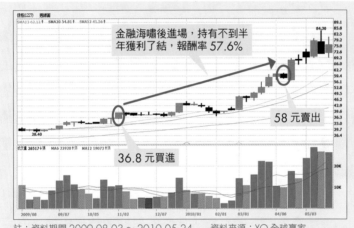

圖2 金融海嘯後佳格股價攀升，波段逾84元
佳格（1227）2009年～2010年股價週線圖

> 金融海嘯後進場，持有不到半年獲利了結，報酬率57.6%

> 58 元賣出

> 36.8 元買進

註：資料期間 2009.08.03 ～ 2010.05.24　資料來源：XQ 全球贏家

有的張數並不多。一開始會注意到佳格，是因為我發現我爸媽每天早上都以桂格品牌的大燕麥片當作早餐。原本以為佳格是隸屬於美國桂格燕麥片公司（The Quaker Oats Company，以下簡稱美國桂格），沒想到上網一查發現，美國桂格因為調整全球策略，決定在 1986 年暫停台灣分公司的業務，而台灣的佳格食品則在同年接收美國桂格在台灣的品牌與所有資產，並且取得美國桂格的授權，成為

桂格產品在台灣唯一的代表。

　　早期台灣對健康食品沒那麼重視，但是，隨著時代的改變，加上台灣人均所得的提升，因此讓生活品質逐漸改善，讓大家開始對優良的營養食品愈來愈重視，不單純只是追求吃得好，更期望能吃得健康。而佳格旗下品牌所生產的產品，不管是桂格大燕麥片、人蔘飲、得意的一天橄欖油／葵花油、天地合補四物飲等，都正好在這波健康飲食趨勢的浪頭上。

　　進一步觀察公司的財報，佳格的每股盈餘已經連續 2 年成長，從 2006 年的 0.78 元、到 2007 年的 1.2 元、再到 2008 年的 2.21 元（詳見表 2），年複合成長率高達 68%，即使是令企業哀鴻遍野的 2008 年，佳格還是能夠逆勢成長 84%，獲利表現令人驚豔。

　　2008 年因為景氣慘澹，所以當年度的營運表現是很重要的觀察指標，當你想買進一家企業時，記得先去了解一下該公司在當年的營運狀況如何？如果表現穩定或能夠逆勢成長，代表企業的營運比較不受景氣衰退所影響，絕對

表2 佳格無懼金融海嘯，EPS成長至2.21元

佳格（1227）歷年經營績效

年度	營業收入 （億元）	稅後淨利 （億元）	每股盈餘 （元）
2006	91.8	2.5	0.78
2007	109.4	3.8	1.20
2008	135.9	7.1	2.21
2009	156.3	12.9	4.03
2010	179.9	21.3	5.79
2011	198.3	24.6	5.34
2012	178.5	22.4	3.93
2013	203.8	18.6	2.83
2014	218.0	20.8	2.90
2015	255.2	27.3	3.47
2016	270.7	26.1	2.98
2017	264.8	21.7	2.39

註：營業收入與稅後淨利以新台幣億元為單位，四捨五入至小數點後第 1 位
資料來源：XQ 全球贏家

是大大加分。

再看 2009 年的表現，光是上半年的 EPS 合計就高達 1.86 元，當時佳格最新公布的第 3 季合併營收較第 2 季季增 12.9%，營運持續加溫，粗估全年的每股盈餘有機會挑戰 4 元，換算本益比只有 9.2 倍。雖然當時還不懂什麼

是本益成長比，但是，只要發現任何有成長實績的公司，在本益比卻不到 10 倍的情況下，不需要什麼成長公式，買就對了。

　　我在隔年（2010 年）4 月股價來到預設報酬率時，以平均 58 元的價位獲利了結，持股不到半年，報酬率 57.6%，算是相當不錯。但是，從我賣出股票後，佳格的股價還是持續維持多頭的走勢，58 元不過只到那波上漲行情一半的位置，加上當時佳格獲利還在持續成長，現在回頭來看，過早離場確實有點可惜，也反映了我當時雖然已經開始學會找尋好股票，但是還不會計算合理價位的問題。

第 2 次進場原因》股價回檔但看好獲利持續成長

　　我在 2010 年 4 月賣出佳格後，過了 3 個月左右，股價漲至 93.9 元的波段高點。雖然我已經出脫持股，但是，我還是把它列為觀察名單，並且持續追蹤公司的營運狀況與股價走勢。

　　就這樣等了 1 年，股價回檔並且盤整 7 個月，我在 2011 年 3 月再次買進佳格。2010 年佳格的每股盈餘為

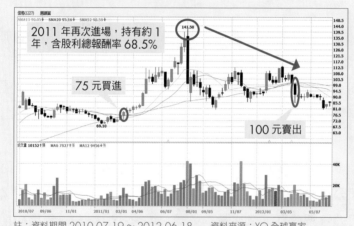

圖3 佳格2011年漲至141.5元後反轉下跌

佳格（1227）2010年～2012年股價週線圖

2011年再次進場，持有約1年，含股利總報酬率68.5%

75元買進

141.50

69.10

100元賣出

註：資料期間 2010.07.19～2012.06.18　　資料來源：XQ全球贏家

5.79元，呈現連續4年的大幅成長，我在75元的價位開始買進（詳見圖3），換算本益比為12.9倍。

第二次進場的主要理由，除了看好2012年的獲利能夠持續成長（2011年第1季的營收較前一年度同期成長23%）之外，就是公司布局中國的事業，在歷經16年的虧損後，在2010年終於轉虧為盈。如果中國市場能開始

貢獻獲利，加上台灣持續增強的營運動能，我判斷佳格未來的成長將具備很大的想像空間。

不出所料，之後佳格的月營收表現一路維持在高檔，加上當時中國概念股在市場上正熱，股價短短不到半年的時間，已經衝破 140 元價位，以我最初進場的股價來看，漲幅整整快 1 倍。

雖然當時股價氣勢如虹，但是，隨著 2011 年第 2 季財報公布，稅後淨利並不如營收成長來得強勁；加上配發 2.4 元的股票股利，造成股本稀釋，單季 EPS 從前一年度同期的 1.27 元衰退至 1.03 元，因此股價大幅回檔，波段最低跌至 80.3 元。不過，因為淨利還是小幅成長 1.3%，加上獲利不如預期有一部分原因是稅制的因素，所以我選擇持股續抱。

直到 2012 年，佳格陸續公布 1 月、2 月的營收表現，合計約 21 億 1,000 萬元，相較於前一個年度同期減少 7.5%；加上股本膨脹，使得 2011 年的每股盈餘表現恐怕不如預期，甚至可能呈現衰退，我判斷佳格的營運沒有想

像中樂觀，因此開始規畫獲利出場。

當時我估算，如果佳格 2011 年的 EPS 為 5.3 元，而且股價跌深後反彈接近 100 元的價位，換算本益比約在 19 倍，確實是適合出脫的價位；因此，在 2012 年 3 月至 4 月初，趁著行情反彈，我選擇順勢獲利了結。雖然不是賣在相對高點，但是加上配股配息，持股約一年，還有約 68% 的總報酬率。

之後，佳格的股價就再也沒有回到 141.5 元的歷史價位，近年股價的走勢反而呈現頻頻破底的情況，2018 年 10 月股價最低來到 42.9 元。歸咎原因，除了連續 9 年每年發配 0.4 元至 2.5 元的股票股利（2008 年～2016 年），造成股本的膨脹、稀釋 EPS 的表現之外，占合併營收比重高達 55% ～ 60% 的中國佳格營收與獲利同步下滑，或許才是股價持續探底最關鍵的主因。

5-2
輪胎大廠》正新
利用配股放大獲利

　　歷經 2008 年股市崩盤的慘痛教訓，我開始深刻檢討過去的操作策略。有一天，我看到電視上的財經節目，有一位來賓談到台東有一位醫生，因為長期持有鴻海（2317）的股票而賺大錢、住豪宅，當下我覺得很不可思議，為什麼長期持有一檔股票的獲利，居然比專家鼓吹的短線操作還要好上數倍呢？

　　我立刻打開電腦，把鴻海過去的股價走勢圖調出來看，並且假設我在 1996 年買進 1 張鴻海股票，期間不管漲跌，放 10 年後賣出，獲利有多少？

　　1996 年年初，鴻海的股價在 73 元左右，持有 10 年，在 2005 年年底，股價約 180 元左右賣出，漲幅為 146%（詳見圖 1）。雖然表現看起來不差，但是，畢竟持有時

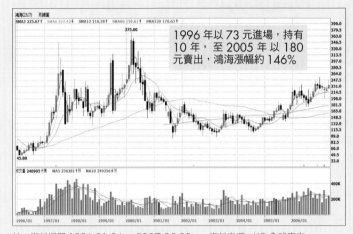

圖1 1996年起，鴻海10年股價漲幅146%
鴻海（2317）1996年～2007年股價月線圖

> 1996年以73元進場，持有10年，至2005年以180元賣出，鴻海漲幅約146%

註：資料期間 1996.01.04 ～ 2007.05.02　　　資料來源：XQ 全球贏家

間長達 10 年，如果以年化報酬率計算，只有 9.44%，其實並不如想像中驚人。這樣的績效應該很難讓人致富。後來，我進一步檢視鴻海的股利政策，發現公司在過去連續 10 幾年，每年都配發不少的股票股利（詳見表 1），我想這或許是超高報酬率的來源。

我試著計算，如果我是在 1996 年買進鴻海的股票 1 張，

持有 10 年後賣出，股價的上漲加上股利配發，累積的總報酬是多少？本來只有 1,000 股的股票，每年配發 150 股至 500 股不等的股票股利，經過 10 年變成了 1 萬 2,184 股。也就是説，原本只有 1 張鴻海的股票，10 年後竟然膨脹成 12 張，加上 10 年來現金股利總收益為 7 萬 5,523 元，原始買進鴻海 1 張價格為 7 萬 3,000 元，10 後賣出總所得為 226 萬 8,463 元，等於當初的本金翻了 30 倍，換算年化報酬率高達 41%。

這個結果令我恍然大悟。原來我過去偏好的短線操作，獲利遠不如挑對一檔好股後長期持有來得優異。尤其股票股利的配發，在企業具備高度成長的情況下，需要大量的資金，運用配股票股利取代原本需要配發的現金股利，對於公司的發展與股東的權益，是一種雙向回饋的雙贏政策。

發現成長股投資優勢，選股焦點轉向配股標的

因此，我在當時選擇偏好有長期配股的企業，並且陸續買進佳格（1227）、正新（2105）等標的，都是具備每年穩定配發股票股利條件的公司。我本來有考慮買進鴻

表1 鴻海10年共配發了38.91元股利

鴻海（2317）1996年～2005年股利政策

股利發放年度	現金股利（元）	股票股利（元）	股利合計（元）
1996	0.00	5.00	5.00
1997	0.00	4.00	4.00
1998	0.00	4.00	4.00
1999	0.00	4.00	4.00
2000	1.00	3.00	4.00
2001	1.50	2.00	3.50
2002	1.50	1.50	3.00
2003	1.50	2.00	3.50
2004	2.00	1.50	3.50
2005	2.45	1.96	4.40
累積股利	9.95	28.96	38.91

資料來源：XQ全球贏家

海，但是，因為鴻海已經連續 20 年的膨脹，股本已經達到 206 億元，我評估未來的成長空間相對有限，所以作罷。

來談談輪胎大廠正新。我是在 2009 年 11 月以 69 元開始進場，後來股價回檔依然持續買進，持股均價在 65 元左右。我剛開始注意到正新，是因為有一次到上海參展，先在桃園機場看到每輛行李推車上都掛著正新輪胎的廣告；

接著，在中國昆山經過正新的工廠，看到 NBA 前籃球明星姚明的巨幅廣告，下方印著大大的「MAXXIS」（瑪吉斯）商標，讓我印象非常深刻。

回到台灣後，我開始著手研究這家公司。正新輪胎成立於 1969 年，是相當老牌的傳統產業，在 1991 年即到中國設廠，算是首批進到對岸的台商之一。公司的銷售品牌主要以正新輪胎與 MAXXIS 品牌為主，MAXXIS 品牌連續數屆蟬聯台灣十大國際品牌，並成為中國汽車輪胎市場市占率最高的輪胎公司（當時市占率大約 12%～13%）。隨著中國車市的蓬勃發展，正新也跟著雨露均霑，躋身全球前十大輪胎公司之林。

輪胎最主要成本是橡膠，因此下游輪胎產業的獲利深受橡膠報價的影響。2008 年上半年，橡膠價格居高不下，使正新的毛利率呈現下降走勢；到了下半年，橡膠價格反轉向下，正新的毛利率才開始走升，加上中國在「汽車下鄉」的政策推動下，2009 年汽車銷售量有望超過 1,350 萬輛，成為全球最大汽車銷售國，身為中國輪胎市場領導品牌的正新自然受惠。

正新可以說是台灣大型企業中最早布局中國並且深耕的企業，透過中國廉價的勞工，加上台商優秀的管理能力，2004 年便榮獲「中國馳名商標」（正新為唯一榜上有名的台灣輪胎廠），更進一步切入中國最大民營汽車——吉利汽車、印度塔塔（TATA）汽車集團高階車款之供應鏈。

本益比低＋持續配股，開始布局正新

2009 年 11 月公布的前 3 季財報，正新的合併營收達 624 億元，較前一個年度同期成長 7.4%、稅後淨利達 101 億元，年增率成長 220%、累積每股盈餘 6.13 元，較 2008 年同期 2.11 元成長高達 190%。以 2009 年前 3 季的每股盈餘（EPS）達 6.13 元計算，全年 EPS 有機會超過 8 元，以 69 元股價計算，本益比僅 8.6 倍。因為看好正新的獲利有機會隨著中國的車市而高度成長，加上本益比偏低，同時每年固定配發股票股利，成為我 3 個最主要的買進理由。

我買進正新後，它的表現並不如像想中的優異。2009 年底，希臘債信危機造成歐洲各國政府財政問題浮現，使

得經濟復甦力道放緩。另外，美國所實施的第二次量化寬鬆貨幣政策（QE 2），造成美元走貶，也導致原物料價格飆漲，使消費緊縮，同時國際油價居高不下，造成輪胎市場供需失衡。

正新的毛利率在 2009 年創下 29.7% 的新高後，2010年與 2011 年，毛利率呈現連 2 年下滑，再加上配發股票股利使股本膨脹，EPS 連續 2 年衰退（詳見表 2）。

我在持有正新的過程中，由於獲利不如預期，因此一度考慮出脫持股。但是公司營運狀況不佳的理由，主要是來自大環境疲弱不振，不單只有正新，當時多數企業在歐債危機的風暴下，財報數字都呈現明顯的衰退。台股指數也在 2011 年 12 月創下 6,609 點的波段低點，市場上更盛傳這一波空頭，會複製 2008 年金融海嘯跌至 3,955 點。

不過，正新的主要市場在中國，因此相較於歐美國家持續以低利率來避免通貨緊縮，中國 GDP（國內生產毛額）還是以接近雙位數的速度持續增長。只要石油與橡膠價格開始持穩，使正新毛利率回升，我判斷公司的營運就有機

表2	**正新2010年至2011年淨利與EPS衰退**		
	正新（2105）歷年經營績效		

年度	營業收入 （億元）	稅後淨利 （億元）	每股盈餘 （元）	毛利率 （％）
2006	480	20	1.61	16.38
2007	641	56	4.27	22.44
2008	737	35	2.37	17.62
2009	845	134	8.15	29.68
2010	1,000	103	5.01	20.95
2011	1,200	85	3.45	17.58
2012	1,302	159	5.65	23.55
2013	1,331	185	5.72	26.54
2014	1,290	160	4.94	27.83
2015	1,167	128	3.94	30.46
2016	1,174	133	4.09	30.91
2017	1,123	55	1.71	22.86

註：營業收入與稅後淨利四捨五入至新台幣億元　　資料來源：XQ 全球贏家

會能重新回到正軌。

　　直到 2012 年 2 月，正新重新站回 70 元整數關卡後，我開始順勢出脫持股。雖然持股超過 2 年，股價漲幅還不到 10%，但是，經過 2 年持續有配發股票股利 2.5 元與 2

表3	正新曾經連2年配發2元以上股票股利		
正新（2105）2009年～2018年股利政策			
股利發放年度	現金股利（元）	股票股利（元）	股利合計（元）
2009	1.0	1.0	2.0
2010	2.0	2.5	4.5
2011	2.0	2.0	4.0
2012	1.4	1.4	2.8
2013	1.5	1.5	3.0
2014	3.0	0.0	3.0
2015	3.0	0.0	3.0
2016	3.0	0.0	3.0
2017	3.0	0.0	3.0
2018	1.8	0.0	1.8

資料來源：XQ 全球贏家

元（詳見表 3），增加了 50% 的股票，加上現金股利，總報酬率達 60%（詳見圖 2）。我會賣出持股的主因有二個：

第一，嚴格來說，正新算是景氣循環股，只是因為伴隨中國車市的大幅成長，獲利穩定度較其他景氣循環股的表現來得優秀，長期來看，獲利還算穩定。從表 2 可以看到，EPS 自從在 2009 年創下 8.15 元歷史新高後，就再也沒

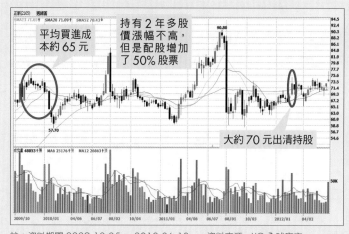

圖2 持有正新2年多，總報酬率高達60%

正新（2105）2009年～2012年股價週線圖

註：資料期間 2009.10.05 ～ 2012.06.18　　資料來源：XQ全球贏家

有機會挑戰高點，很大一部分原因是長期配發股票股利造成的股本不斷變大。

第二，因為我看到未來成長潛力更好的個股，在資金有限的情況下，所以選擇採取換股操作的策略。

曾經有一段時間，我熱愛選擇每年固定配發股票股利的

企業，前提是在公司的未來具備高度成長的條件下，例如：
鴻海、台積電（2330）、華碩（2357）、廣達（2382）等，
在 1990 年代台灣電子產業起飛的階段，都曾經連續數年
大幅配發股票股利。但是，隨著台灣近年來經濟動能趨緩，
GDP 從原先每年雙位數的成長，到現在保一保二（1% ～
2%），企業已經不具備大幅配發股票股利的基礎。

若不具備獲利成長條件，過多的配股將降低 EPS

當你的股本增加 10%，就算稅後淨利也增加 10%，計
算下來 EPS 等於沒有成長。在 EPS 無法成長的情況下，股
價就不容易上漲。因此，當一家企業每年配發 1 元股票股
利的狀況下，我們最少要期待公司每年的獲利成長要超過
10% 以上；如果公司不具備以上的條件，過多的股票配發，
只會造成每股盈餘的嚴重稀釋，還不如穩定的現金股利。

近幾年正新的獲利持續衰退，主因是輪胎市況不佳，加
上中國新增輪胎產能，市場競爭劇烈，而且匯兌損失與原
物料成本上升，導致營收與毛利率下滑。2018 年正新的
股價創近 8 年新低，與大盤持續創高的走勢完全背道而馳。

5-3 精品單車領導廠》美利達 高油價＋樂活風的受惠族群

美利達（9914）是我用選股程式篩選出來的股票之一。當時是 2011 年下半年，國際油價居高不下，自行車突然間成為一種熱門的交通工具。如果只是一般的代步工具，或許我不會特別去注意到它，但是，我發現身邊有不少朋友開始熱中於自行車活動，他們會利用休閒時間，呼朋引伴到郊區騎車，甚至搭配整套的車隊專屬服裝，在過去這很少見，一股自行車風潮儼然成形。

美利達規模僅次於巨大，專注生產高階自行車

因此我開始研究美利達，發現看似簡單的自行車，其實大有學問。光是車型，就分為好幾種不同款式，有代步專用的城市通勤車、競技專用的越野車、比賽專用的公路車、爬坡專用的登山車等，不同的用途，配件幾乎完全不同。

車架的材質也分為碳纖維、鋁合金、鈦合金，各有不同的優缺點，變速器也愈做愈精密。通常一般入門車款的售價最少數萬元起跳，若是專業等級的高階車款至少六位數起跳。

美利達創立於 1972 年，為全球第二大自行車廠，僅次於以捷安特品牌聞名的巨大（9921）。美利達的營運規模不如巨大，產品種類也不及巨大廣泛，但是，這家公司把營運重心放在高階自行車上，專注於高單價車型。

美利達的平均出口單價為全台最高，反而更有利於市場區隔，並且有機會提升產品毛利率。加上美利達深耕中國市場超過 10 年，隨著中國經濟快速增長，搭配一般民眾所得提高與休閒意識抬頭，13 億人口所創造的消費力不容小覷！

我曾經在 2009 年以 70 元買進巨大，雖然歷經金融海嘯的洗禮，已經懂得要挑選績優成長股；但是，當時我欠缺評估股票合理價位的能力，只持有短短不到 3 個月，就趁股價上漲至 85 元左右獲利出場。即使波段有 20% 左右

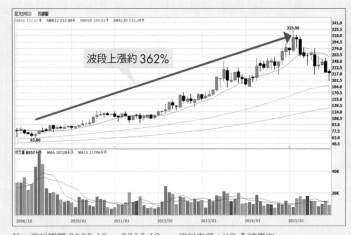

圖1 **巨大於2009年起展開大多頭行情**
巨大（9921）2008年～2015年股價月線圖

波段上漲約 362%

323.50

註：資料期間 2008.10～2015.12　　資料來源：XQ 全球贏家

的獲利，不過，巨大從我賣出後的那天起，股價持續上漲，總共走了 5 年的多頭行情，到了 2015 年 2 月，巨大的股價最高來到 323.5 元，如果以我當時 70 元的進場點算起，這一個大波段共大漲 362%（詳見圖 1）。

因為單純只想賺 20%，卻錯過大漲 3 倍的行情，是巨大給我很重要的啟示；它證明一檔有價值的個股，只要獲利

能持續成長，股價就會不斷上漲，跟大盤走勢幾乎沒有關聯。記取巨大的教訓後，我評估一檔股票的出場點時更加謹慎，加上美利達與巨大同樣都是自行車產業，錯失巨大362% 的漲幅，說什麼也不能在美利達身上再犯同樣的錯誤了。

美利達財報獲利優異，股價明顯遭到低估

經過仔細研究後，我發現美利達是一檔股價被明顯低估的股票。2011 年 4 月，美利達的股價在 54 元左右盤整已經長達半年以上。從過去的獲利表現來看，2007 年～2010 年的股東權益報酬率（ROE），表現相當優異，平均有 20% 以上的水準。

如果觀察每股盈餘（EPS），2002 年～ 2007 年都是逐年成長，2008 年～ 2009 年受到金融海嘯影響而呈現衰退，但是 2010 年又重返成長軌道（詳見表 1）。不管是以 2010 年 5.04 元的 EPS，或 2007 年～ 2010 年平均的 5.32 元計算，本益比分別只有 10.7 倍和 10.2 倍，明顯偏低。

表1 美利達2010年起，獲利重返成長軌道

美利達（9914）歷年經營績效

年度	營業收入（億元）	稅後淨利（億元）	每股盈餘（元）
2006	87.4	7.3	3.40
2007	127.8	13.3	6.18
2008	155.7	11.9	5.52
2009	152.7	11.3	4.55
2010	167.8	12.5	5.04
2011	201.6	18.2	7.33
2012	243.8	23.4	8.20
2013	253.1	29.1	10.21
2014	272.2	33.5	11.20
2015	280.9	30.4	10.17
2016	229.0	19.2	6.42
2017	224.0	8.0	2.67

註：營業收入與稅後淨利以新台幣億元為單位，四捨五入至小數點後第1位
資料來源：XQ全球贏家

　　股利政策方面，美利達2011年能領到的現金股利為3.3元（詳見表2），殖利率接近6%，也是相當不錯的水準。

　　美利達在2011年5月2日公布當年第1季財報，稅後淨利為3億7,700萬元，較前一年度同期成長15.3%，加上2010年下半年基期比較低的情況下，我預估2011

年稅後淨利可望年成長 20% 以上。如果股本維持不變，2011 年的每股盈餘有機會達到 6 元以上，以 54 元的股價來計算，預估本益比只有 9 倍。假設美利達的未來淨利成長率預估值為 20%，計算出的本益成長比只有 0.45 倍，遠低於買進條件的 0.75 倍，顯然美利達的股價嚴重受到低估。

1 根紅 K 棒突破 8 個月盤整，多頭格局確認

即使當時（2011 年 5 月）大盤衝破 9,000 點大關，來到金融海嘯後的新高 9,220 點，不過以當時美利達的股價，我評估就算下跌，風險也有限，如果獲利成長如我預期，則股價有翻倍大漲的潛力。

於是我在 58 元的價位開始進場，當天是第 1 季季報公布後第一個交易日，受到季報激勵，美利達衝上漲停板，一根紅 K 棒突破長達 8 個月的橫盤整理格局。雖然散戶愛撿便宜，但是，所有股價走勢呈現大長多的股票，都是一直重複創新高，而這些股票的共同點，就是有很強的基本面做支撐。

表2 **美利達2011年的現金股利為3.3元**
美利達（9914）2007年～2018年股利政策

股利發放年度	現金股利（元）	股票股利（元）	股利合計（元）
2007	1.8	0.0	1.8
2008	2.8	0.0	2.8
2009	2.0	1.5	3.5
2010	3.0	0.0	3.0
2011	3.3	0.0	3.3
2012	3.0	1.5	4.5
2013	5.5	0.0	5.5
2014	6.0	0.5	6.5
2015	6.8	0.0	6.8
2016	5.5	0.0	5.5
2017	4.0	0.0	4.0
2018	2.0	0.0	2.0

資料來源：XQ全球贏家

　　我買進美利達後，股價在60元至75元來回震盪，過程中，只要拉回我就持續加碼（詳見圖2）。股價之所以沒有持續上攻的主要原因，是當時全球股市遭受歐債風暴的襲擊，台股也跟著搖搖欲墜，指數從9,220點一路下跌至6,609點，跌幅將近3成。因為獲利持續成長，所以相較於其他股票的重挫，美利達的股價相對持穩，它的2011

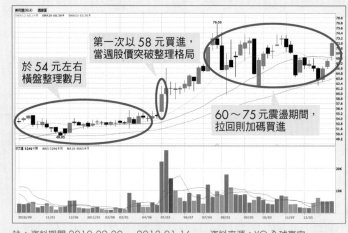

圖2 **突破盤整格局後，美利達股價出現震盪**
美利達（9914）2010年～2012年股價週線圖

於 54 元左右
橫盤整理數月

第一次以 58 元買進，
當週股價突破整理格局

60～75 元震盪期間，
拉回則加碼買進

註：資料期間 2010.09.20 ～ 2012.01.16　　資料來源：XQ 全球贏家

年前 3 季合計稅後淨利達 12 億 6,300 萬元，較前一個年
度同期成長 26%。

　　直到歐債問題逐漸淡化，加上美利達公布 2011 年的每
股盈餘高達 7.33 元，比 2010 年成長 45.4%，稅後淨利
高達 18 億 1,500 萬元，創下歷史新高，股價的走勢開始
一發不可收拾！

圖3　美利達持續創新高，最高達263.5元
美利達（9914）2011年～2015年股價週線圖

2013年9月於200元～220元陸續脫手

2011年5月起陸續買進

2015年3月股價漲至263.5元歷史新高

註：資料期間2011.03.07～2015.03.16　　資料來源：XQ全球贏家

　　2012年，當美利達的股價超過100元時，確實讓我興起獲利了結的念頭，因為從原始買進價58元計算，漲幅接近1倍。但是，我預估2012年美利達的EPS有機會賺超過8元，換算本益比其實還不到13倍；同時，預估淨利成長率在20%的情況下，透過本益成長比公式計算得到的數字是0.65倍，代表股價雖然已經來到百元關卡，實際上是在相對低估的範圍，因此我打定主意持股續抱。

　　一直等到 2013 年 9 月,美利達股價來到超過 200 元的新高,我從上半年公布的每股盈餘達 5.01 元推估,全年的 EPS 應該有 10 元左右的水準。

股利+價差,持有美利達 2 年多報酬率逾 350%

　　如果淨利成長率一樣維持 20%,本益成長比差不多在 1 倍左右;如果淨利成長率下修至 15%,本益成長比會高於 1.33 倍,股價已經明顯不便宜,因此我選擇獲利出場,從 200 元、210 元、220 元一路逢高出脫持股。從我 2011 年 5 月買進以來,總計持有美利達 2 年 4 個月,加上配股配息,合計總報酬率超過 350%!

　　在我出清持股後,美利達的股價多在 190 元~ 230 元的區間震盪,直到 2015 年 3 月漲到歷史新高價 263.5 元(詳見圖 3)。而後隨著營運受困於中國市場銷售的衰退與歐美需求的減弱,美利達的營收、獲利與毛利率均呈現衰退,股價也反轉向下,從 263.5 元一路下跌至 2018 年 10 月最低點 104 元,跌幅高達 60%(此波段最大跌幅亦高達 65%)。

　　這個例子告訴我們，再怎麼優秀的企業，都會有面臨逆風的時候。身為成長股的投資人，應該在適當的時機出脫持股，保住該有的獲利，並且伺機找尋更好的投資機會，或先保留資金，等待股價拉回時再找機會進場。對於這類成長股，運用本益成長比的投資策略，絕對能夠比單純只進不出的投資策略，更能創造優秀的投資報酬率。

5-4 機能衣一貫化品牌》儒鴻 從瑜伽熱潮發現產業贏家

2012 年是適合投資的一年。年初我開始陸陸續續把 2009 年、2010 年所布局的股票（包括正新（2105）、佳格（1227））獲利了結，把資金轉進未來成長潛力更好的股票。我會這麼做，主要是因為一開始資金有限，所以我會採取換股操作的策略，把資金集中在我最看好的股票上，加速資產翻倍的速度。

我是在 2012 年年初以 52 元的價位開始買進儒鴻（1476）。一開始會注意到這檔股票，是因為我發現我周遭很多女性友人，不約而同都開始報名瑜伽課程。每位女性都想維持美好身材，而做瑜伽可以在室內吹冷氣，不用曬太陽。

有一次我逛街，不小心走進一家瑜伽服飾專賣店，發現

隨便一件薄薄的瑜伽服，動輒千元起跳，而且店內人潮眾多，結帳甚至要排隊 我研判這股瑜伽風，應該有機會形成一個長期趨勢。

有了這個念頭後，我回家打開電腦，把所有台股上市櫃紡織類股全部瀏覽一遍，赫然發現國際知名瑜伽服飾品牌 Lululemon 的瑜伽服是由儒鴻代工，於是我開始深入研究這家企業。

獲利高度成長，但儒鴻本益比卻不到 10 倍

儒鴻成立於 1977 年，迄 2012 年，全球員工約 1 萬 3,000 人，一開始是以針織布起家，後來轉型跨足成衣代工，從最上游的布料做到下游的成衣，為一貫化垂直整合的紡織品牌，主要產品為圓編彈性針織布料與機能性成衣。台灣為接單、研發與全球運籌中心，生產基地則分散在中國、越南、柬埔寨、以及賴索托等地，銷售市場以歐美為主。

從事布料研發的經驗超過 30 年，儒鴻每年可以開發 3,000 種以上的新布料，每天可以開發 150 件新樣衣，

提供客戶一次性購足服務，是公司與其他成衣廠最大的不同處。加上近年來開始流行的運動時尚風潮，而且當時主要客戶，例如：Lululemon、Nike、Adidas 等正快速成長，營運大幅擴張，還有獨步市場的布種研發能力，都讓儒鴻的後市看漲，營收與獲利更是呈現持續成長的態勢。

觀察近 5 年（2007 年～ 2011 年）的財報數字，除了 2008 年因為金融海嘯而造成獲利衰退之外，稅後淨利每年都呈現成長（詳見表 1）。由於當時（2012 年初）尚未公布 2011 年的全年財報，不過，已經得知 2011 年前 3 季每股盈餘（EPS）達 3.99 元，同時公司已經公布 2011 年第 4 季營收為 31 億 2,000 萬元、較前一個年度成長 43%。如果毛利率能維持整年的平均水準，我認為 2011 年的稅後淨利應該有機會來到 11 億元，EPS 來到 5.5 元。以當時股價 52 元計算，儒鴻的本益比只有 9.4 倍（後來財報公布 2011 年稅後淨利為 11 億 8,000 萬元，EPS 為 5.6 元）。

如果以我當時估算的 2011 年稅後淨利計算，儒鴻從 2009 年至 2011 年，稅後淨利年複合成長率高達 78%，

表1 儒鴻2009年～2011年獲利大幅成長

儒鴻（1476）歷年經營績效

年度	營業收入（億元）	稅後淨利（億元）	每股盈餘（元）
2007	60.4	3.3	2.01
2008	67.1	1.9	1.02
2009	61.9	3.8	1.95
2010	85.4	7.6	3.83
2011	106.5	8.4	3.99

註：1. 營業收入與稅後淨利以新台幣億元為單位，四捨五入至小數點後第1位；2. 2011年稅後淨利與每股盈餘僅前3季　　資料來源：XQ全球贏家

比起其他績優股毫不遜色。但是，可能因為紡織產業給人成長緩慢的刻板印象，所以市場只給予不到 10 倍的本益比，股價明顯遭到低估。

3 原因看好儒鴻前景，本益成長比出現買進訊號

雖然儒鴻身處於傳統產業，但是，董長事洪鎮海卻很有霸氣地說：「儒鴻是科技紡織股，不是夕陽產業，除非大家都不穿衣服！」可見洪董有心以高科技來經營企業，看得出他對公司未來營運深具信心。當時我在研究的過程，一直有個聲音告訴我：「這是一檔嚴重被低估的成長潛力

股，一定要好好把握住機會不可！」當時我看好儒鴻未來獲利持續成長有 3 個主要原因：

1. 因為運動休閒風氣盛行，而且從公司的主要客戶（Lululemon、Nike、Adidas、Under Armour 等）所預估的營運皆呈現持續增長，所以身為主要供應商的儒鴻自然跟著受惠。

2. 從布種跨足成衣的一貫化生產能力與特有的布料研發能力，讓儒鴻相較於其他單純的布廠或成衣廠，更具競爭力，這點從毛利率的走勢可以證明（儒鴻的毛利率是紡織類股中數一數二高）。

3. 儒鴻持續在東南亞擴廠，2010 年的資本支出為 33 億元、2011 年為 77 億元、2012 年則預估上看百億元，代表公司高層相當程度看好未來的營運表現，也持續釋出審慎樂觀的訊息。

因此，我在決定買進前的結論是，儒鴻在未來數年有實力，讓每年淨利成長率超過 20%、甚至高達 30%。如果

圖1 持續加碼後，儒鴻股價依舊逐步墊高
儒鴻（1476）2012年～2013年股價週線圖

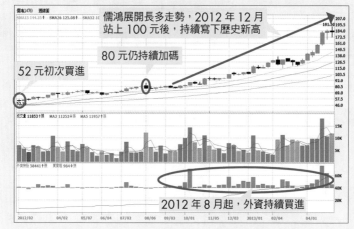

儒鴻展開長多走勢，2012年12月
站上100元後，持續寫下歷史新高

80元仍持續加碼

52元初次買進

2012年8月起，外資持續買進

註：資料期間2012.02.06～2013.05.06　　資料來源：XQ全球贏家

用30%的淨利成長率來預估，本益成長比僅0.31倍（本益比9.4（倍）／淨利成長率30（%））。如果用保守的20%來預估，本益成長比也只有0.47倍，都明顯低於0.75倍的買進目標，是相當明顯的進場訊號。

經過通盤研究後，我在2012年2月以52元的價位開始買進儒鴻（詳見圖1）。進場後股價持續穩健上漲，雖

然並非每天大漲，但是卻呈現慢慢漲、漲不停的走勢；加上我在投資前有做足功課，對公司的基本面深具信心，因此在上漲的過程中，只要遇到股價拉回我就加碼，60 元、70 元、甚至 80 元，順勢一路布局，最後一共投入我所有資金的 5 成！

52 元開始布局儒鴻，持股 10 個月股價突破百元

52 元的價位進場後，很快地，股價在 2012 年 12 月就突破 100 元整數關卡，跟著我一起買進儒鴻的老爸，在這個時候選擇出清股票獲利了結。雖然他在紡織廠工作長達 30 年以上，但是他也不認為紡織股能漲到多高，因此以 60 元買進，100 元買出。把超過 6 成的獲利放進口袋似乎是個不錯的決定，只是當股價從他賣出的那天開始，再也沒有回到 2 位數，反而屢創高點後，賺錢的喜悅便蕩然無存了。

雖然股價持續上漲，但是，2012 年前 3 季的每股盈餘（EPS）5.32 元，累積稅後淨利為 12 億元，較前一個年度同期成長 43%，全年 EPS 有機會上看 7 元。如果以 7

表2 儒鴻獲利持續增長，2013年賺1個股本

儒鴻（1476）歷年經營績效

年度	營業收入（億元）	稅後淨利（億元）	每股盈餘（元）
2010	85.4	7.6	3.83
2011	106.5	11.8	5.60
2012	135.7	17.9	7.75
2013	181.4	27.3	10.91
2014	208.4	30.0	11.51

註：營業收入與稅後淨利以新台幣億元為單位，四捨五入至小數點後第1位
資料來源：XQ全球贏家

元 EPS 來計算，即使百元的股價，本益比也不過才 14 倍左右，對照超過 4 成的淨利成長率，本益成長比還是相對偏低。切記，投資成長股最重要的一件事是，當企業的獲利持續成長，而且成長的幅度遠大於本益比時，就要抱牢，千萬不要隨便賣股票！

隨著儒鴻的獲利節節高升，EPS 從 2008 年的 1.02 元，成長到 2012 年的 7.75 元（詳見表 2），2013 年甚至有機會挑戰賺一個股本，股價也就跟著反映，呈現一路上漲的態勢。在上漲的過程中，儒鴻又有來自外資的買盤加持，籌碼相對穩定，更助長股價上攻的力道。

一直到 2013 年 7 月，股價來到 250 元，我才賣出第 1 張儒鴻，然後直到股價超過 350 元以上，才開始大幅出脫持股，最高賣在 392 元（詳見圖 2）。因為當股價來到 300 元以上時，本益比已經接近 30 倍左右，如果獲利成長率無法維持高檔，本益成長比很容易超過 1 倍以上，代表股價已經不算便宜。加上從營收的角度觀察，獲利成長有趨緩的現象，毛利率也較前一個年度衰退 3%，而且越南工廠營業費用的提高，恐怕會侵蝕營業利益的表現，因此，我在 2014 年 5 月把股票全數出脫。

獲利趨緩且本益比偏高，2 年停利大賺 560%

從 2012 年 2 月到 2014 年 5 月，總計我持有儒鴻的時間共 2 年 3 個月，加上股利的總報酬率超過 560%。之後因為儒鴻的財報數字不如預期，加上股價漲多，所以開始從高點 407 元向下修正，2014 年 8 月跌到波段低點 212.5 元，跌幅將近 5 成。

近幾年，儒鴻面臨主要客戶調整庫存，加上新台幣升值的影響，獲利連續 2 年衰退，營收更創下 4 年新低。但是，

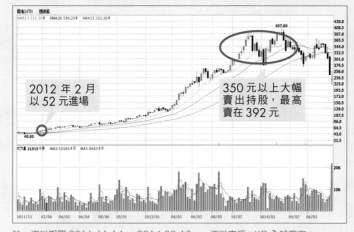

圖2 待儒鴻漲至350元後，開始大幅出脫

儒鴻（1476）2011年～2014年股價週線圖

註：資料期間 2011.11.14～2014.08.18　　資料來源：XQ 全球贏家

2018 年通路客戶，包括百貨、賣場、電商等拉貨明顯回溫，品牌客戶 Lululemon、Nike、Gap 訂單亦維持成長，上半年合計每股盈餘達 7.66 元，全年有機會創下獲利新高數字，後市值得期待。對這檔股票有興趣的投資人，仍然要謹慎評估公司未來的淨利成長性，並且等待合理的本益比，才能找出最適當的進場價位。

5-5 美妝生活用品連鎖店》寶雅 抓住業績成長契機

　　如果你問我哪些股票是台股過去 10 年最大的驚奇？我認為寶雅（5904）一定名列其中。

　　寶雅是從南部開始發跡的美妝生活用品專賣店，主打女性美妝商品，產品種類多元，例如：美妝保養品、生活百貨、流行飾品、休閒食品等，應有盡有，提供多達 5 萬項商品。在 2011 年底全台總店數已經有 64 家，相較其他同性質的主要競爭對手，像是美華泰、名佳美等業者的分店都只有個位數，寶雅的積極展店可以說一枝獨秀。

稅後淨利成長＋積極展店，股價創高後仍被低估

　　也許是因為當時寶雅大多在中南部或北部二線城市展店（台北市只有一家民生店），所以並沒有特別受到法人的

青睞。但是，如果你曾經住過南部或跟南部的朋友提到寶雅，幾乎大家都去消費過，甚至有不少人是會員，證明寶雅在中南部確實是相當具有人氣的美妝生活用品專賣店。

2011 年寶雅的營收為 62 億 7,000 萬元，稅後淨利 3 億 3,600 萬元，每股盈餘（EPS）為 3.76 元，皆為過去 5 年新高。過去 5 年（2006 年～2010 年）稅後淨利年複合成長率為 21.7%，表現相當優異。根據公司所發布的新聞顯示，未來會持續加快展店的速度，2012 年將新增 14 家門市，其中一半開店在消費力較強的北部地區，加上正在興建大型商品集貨中心，都有助提升營收與毛利的表現。

百貨業的獲利成長，主要來自於展店加上提高單店營收和毛利，2011 年在新增 8 家門市的情況下，稅後淨利較 2010 年同期成長 17.5%。如果未來每年平均都能展店超過 10 家，加上規模經濟對廠商的議價空間加大，預估寶雅可望能維持過去的成長力道，未來淨利年成長率有機會達 18% 至 25%。當時我假設 2012 年稅後淨利成長 20%，則每股盈餘有機會達 4.5 元，以那時候 50 元的股價來看，

預估本益比約為 11 倍，計算出的本益成長比約 0.55 倍，是值得買進的標的。

於是我在 2012 年 2 月買進儒鴻（1476）後不久，在同年的 5 月，以 50 元的價位開始買進寶雅。如果從技術線圖來看，跟買進儒鴻的位置幾乎是如出一轍，呈現創高拉回打底再創新高的格局（詳見圖 1）。如果是以前，我不敢買創新高的股票，但是，因為透過本益成長比的計算，我很清楚，雖然寶雅股價創新高，但是跟它的價值相比，股價其實是在低估的範圍，當然二話不說買進。現在回頭看，證明 50 元的股價是寶雅的起漲點，而非高點。

買進後盤整期間陸續加碼，持有約 1 年股價翻倍

進場後，寶雅的股價在 50 元附近盤整了近 2 個月，期間我持續買進，到了 7 月股價終於開始上漲，從此股價一路向上，再也沒有回到 5 字頭的價位。

2012 年，寶雅的營運表現優異，持續不斷展店，桃園物流集貨中心也在規畫中，加上日圓貶值的助力（部分商

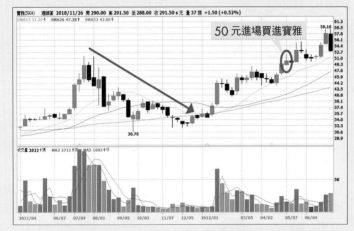

圖1 寶雅股價創高拉回後，又再突破前高
寶雅（5904）2011年～2012年股價週線圖

50元進場買進寶雅

30.70

59.10

註：資料期間 2011.04.18 ～ 2012.07.09　　資料來源：XQ 全球贏家

品為日本進口），每股盈餘來到 4.62 元；股價也在 2013
年 4 月來到 100 元的整數關卡，短短不到 1 年的時間，
寶雅的漲幅已經超過 1 倍。

我當時預估 2013 年寶雅的 EPS 有 5.5 元至 5.7 元的實
力，如果股價來到 120 元以上，本益比就會超過 20 倍，
計算出的本益成長比就會超過 1 倍；因此，我選擇出脫持

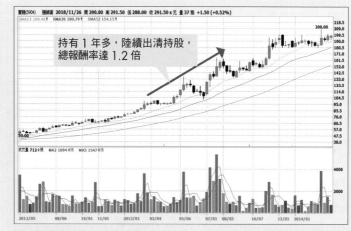

圖2 寶雅股價緩步墊高，波段獲利約1.2倍
寶雅（5904）2012年～2014年股價週線圖

持有 1 年多，陸續出清持股，
總報酬率達 1.2 倍

註：資料期間 2012.05.21 ～ 2014.03.24　　資料來源：XQ 全球贏家

股，最高賣在 162 元（詳見圖 2）。算一算持有寶雅時間不到 1 年 3 個月，總獲利約 1.2 倍，已經超乎我的預期。

我在全數出清持股後，寶雅先是拉回到 135 元附近，之後又啟動驚人的漲勢，2016 年股價甚至來到 488 元的歷史天價，表現比我預期的更好。雖然我知道寶雅的經營高層，在提高毛利與控制成本這方面的表現極為優秀，但是，

表1 寶雅獲利年年增長，僅2009年小衰退

寶雅（5904）歷年經營績效

年度	營業收入（億元）	稅後淨利（億元）	每股盈餘（元）
2008	48.8	2.0	3.08
2009	56.0	2.0	2.69
2010	61.2	2.9	3.26
2011	62.8	3.4	3.76
2012	62.7	4.3	4.62
2013	72.5	5.6	6.03
2014	91.7	7.7	8.22
2015	106.9	9.5	10.00
2016	124.2	11.7	12.13
2017	132.6	14.3	14.63

註：營業收入與稅後淨利以新台幣億元為單位，四捨五入至小數點後第 1 位
資料來源：XQ 全球贏家

畢竟寶雅的營運完全以內需市場為主，即便積極展店，仍然受限於台灣市場規模有限，未來成長力道勢必開始放緩，因此我對其信心不足。

顯然我低估了寶雅的獲利能力，從 2008 年至 2017 年寶雅的稅後淨利年複合成長率高達 24%。除了 2009 年小幅衰退之外，每年都呈現顯著的增長（詳見表 1）。2017

年每股盈餘已經來到 14.63 元，獲利高成長與股價的驚人漲幅，寶雅可謂台股近 10 年最強的成長飆股之一。

　　寶雅的獲利成長大大超乎我的預期，雖然太早出場難免覺得可惜，但是事實上，也不可能每一次都能買在最低、賣在最高。好的投資策略是在可控制的風險下，盡可能賺取最大的報酬。我們能做的就是檢討過去的操作策略，然後把心思放在尋找下一檔潛力股！

5-6 專業條碼列印機廠》鼎翰 產品易懂的科技公司

我的選股以傳統產業為主，具備長期成長潛力的績優傳產股，更是我的首選。雖然因為產業的屬性，比較少著墨科技產業，但是不代表我完全不碰電子股，只要適當時機出現合適標的，我還是會出手，包括鼎翰（3611）、飛捷（6206）、信邦（3023）、台積電（2330）等，皆創造不錯的獲利。

公司產品容易理解，歷年營運績效穩定成長

我在 2013 年買進鼎翰，它的前身為台半（5425）之事務機器事業處，主要業務是經營自動辨識系統相關產品之研發製造與銷售，公司於 2008 年掛牌上櫃。鼎翰是台灣第一家投入條碼列印機及其周邊產品研發製造之專業廠商，也是台灣最大的條碼列印機製造商。根據鼎翰 2012

年的年報資料，該公司市占率為全球第 10 大。

　　我一開始會發現鼎翰，是因為透過電腦程式的篩選。利用程式選股的好處是能省掉不少時間，只要輸入你所設定的條件，例如：每股盈餘、稅後淨利、股東權益報酬率、毛利率等，系統就會出現符合條件的個股，接著再一檔一檔仔細研究。我發現鼎翰雖然身處於電子產業，但是公司產品屬於相對容易理解的電腦周邊設備，加上過去穩定成長的營運績效，因此吸引我的注意。

　　從財報進一步觀察，鼎翰過去 5 年（2008 年～ 2012 年）獲利表現良好（詳見表 1），除了 2012 年因為歐洲市況不佳，造成淨利小幅滑落之外，其餘年度都呈現明顯的增長。2008 年至 2012 年，營收年複合成長率 21.4%、稅後淨利年複合成長率則高達 33.5%，股本只有 3 億 3,900 萬元，是一檔名副其實的小型成長股。

　　鼎翰這家公司主要的業務產品為高效能的工業型、多功能便攜型條碼列印機，不僅如此，產品應用範圍廣泛，適用於醫療、零售、運輸、倉儲、物流、娛樂服務和製造業等，

表1　鼎翰營運穩健，營收逐年成長

鼎翰（3611）歷年經營績效

年度	營業收入（億元）	稅後淨利（億元）	每股盈餘（元）
2008	8.30	0.95	4.08
2009	9.70	1.63	6.22
2010	14.10	2.07	7.46
2011	16.80	3.08	9.19
2012	18.10	3.02	8.89

註：營業收入與稅後淨利以新台幣億元為單位，四捨五入至小數點後第 2 位
資料來源：XQ 全球贏家

與商業活動的連動性很高。近幾年來，全球景氣開始逐漸復甦，也帶動條碼機的需求持續增溫，加上公司受惠於電子商務與工廠自動化的產業趨勢，市占率有機會再攀升。

2013 年重拾成長動力，股價漲 1 倍仍被低估

2013 年，歐債問題已經逐漸淡化，歐美市場也慢慢恢復正常動能，鼎翰經過 2012 年獲利小幅衰退後，開始重拾成長動力。2013 年上半年每股盈餘（EPS）合計為 6.82 元，較 2012 年同期的 4.36 元成長 56%，每月所公布的月營收也皆呈現年增態勢。股價方面，更從 2012 年 11

月的低點 80 元，一路上攻至 2013 年 7 月最高價 175.5 元（詳見圖 1）。

　　我是在 2013 年 8 月以 162 元的價位開始買進鼎翰，雖然短短不到 8 個月的時間，股價漲幅已經達 1 倍，但是，我預估 2013 年鼎翰的 EPS 有 13 元以上的實力，換算本益比不過才 12 倍左右。加上當年上半年已經公布的稅後淨利，與前一年度同期相比成長高達 59%，即使有一部分成長力道來自於 2012 年景氣不明朗所造成的訂單遞延效應，即便如此，從股價與獲利成長的角度計算，當時鼎翰的價位都還在被低估的範圍內。

營運持續成長而加碼，持有 9 個月獲利近 7 成

　　我買進鼎翰後，公司受惠於陸續公布的月營收持續創歷史單月新高，股價自然也不會寂寞，不斷放量上漲。隨著營運表現優異，我也順勢持續加碼。很快地，股價在 2013 年 10 月就見到 200 元整數大關，可是，距離我設定的目標價還有一段距離，在公司的營運持續成長的情況下，我選擇持股續抱。

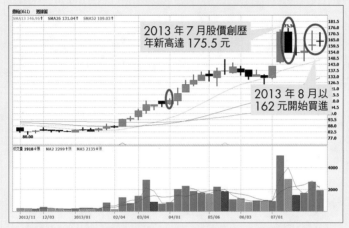

圖1 **2013年7月鼎翰股價創新高達175.5元**
鼎翰（3611）2012年～2013年股價週線圖

註：資料期間 2012.11.05 ～ 2013.09.02　　資料來源：XQ全球贏家

　　直到 2014 年 3 月，股價來到 250 元以上，我才開始出脫持股，最高賣在 298 元（詳見圖 2）。我會選擇賣出股票，最主要的原因是短線漲幅到達我設定的目標價，加上 2013 年鼎翰每股盈餘為 13.01 元，如果股價在 260 元以上，本益比則超過 20 倍，已經不算便宜；再者，鼎翰 2014 年第 1 季的營收 5 億 2,300 萬元，只比 2013 年第 1 季成長 4%，每股盈餘為 3.29 元，反而衰退了 2.4%，

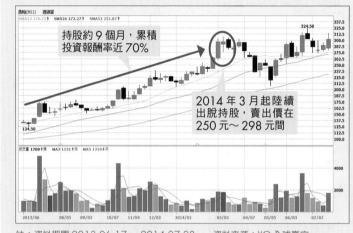

圖2 **鼎翰股價達250元後，開始停利出場**
鼎翰（3611）2013年～2014年股價週線圖

註：資料期間 2013.06.17 ～ 2014.07.28　　資料來源：XQ 全球贏家

因此，我選擇先將獲利穩穩放入口袋。總計我持有鼎翰只有大約 9 個月時間，累積投資報酬率接近 7 成。

近幾年鼎翰的營運表現依舊穩健，只是成長動能已經不如我當初進場的那段時間。從 2013 年到 2016 年，連續 4 年的每股盈餘都維持在 13 至 15 元左右，最高曾經漲至 355 元，多數時間股價則在 200 元至 300 元區間游走。

表2	**2013年～2017年鼎翰EPS皆逾13元**		

鼎翰（3611）2013年～2017年經營績效

年度	營業收入（億元）	稅後淨利（億元）	每股盈餘（元）
2013	21.0	4.5	13.01
2014	24.4	5.1	14.67
2015	26.6	5.8	15.14
2016	34.4	5.5	14.15
2017	37.1	6.2	16.02

註：營業收入與稅後淨利以新台幣億元為單位，四捨五入至小數點後第1位
資料來源：XQ全球贏家

　　鼎翰2017年的EPS達16.02元，創下歷史新高（詳見表2），2018年上半年合計EPS為8.52元，較2017年同期成長16%，主因在於購併美國Printronix公司的工業用條碼印表機部門後，效益逐步顯現，市占率提升（根據2018年公司年報，市占率提升至全球前5大），以及供應鏈管理、子公司存貨管控等效益均顯現。由於電商市場崛起，因此帶動攜帶式條碼列印機成長動能充沛，2018年上半年銷售極佳的歐元區與中國區，下半年的銷售動能延續，美國市場銷售額也可望回升，似乎有重啟成長的契機，值得進一步觀察。

5-7 Nike 全球合作夥伴》豐泰 從慢跑風潮找投資明燈

　　陸續在高檔把儒鴻（1476）、美利達（9914）等股票獲利了結後，2014 年年初，我開始把目光集中在尋找下一檔成長潛力標的，因此發掘了豐泰（9910）。

　　一開始我會注意到豐泰，是因為我發現臉書（Facebook）上的好友不約而同開始熱中於慢跑，並且積極報名馬拉松賽事。如果你也有注意到這個趨勢，除了可以買一雙功能與外型兼具的慢跑鞋加入大家之外，身為投資人，更應該把注意力放在「誰能在這波慢跑風潮中受益」。

　　有了這個念頭，我把台股當中從事運動鞋製造的廠商看了一遍，說多不多，只有 3 檔，分別為豐泰、寶成（9904）、鈺齊 -KY（9802）。鈺齊 -KY 主要是以生產戶外休閒鞋為主，運動鞋占營收的比率不高，加上回台掛

牌的時間還不到 2 年,因此一開始就被我剔除。寶成是全球最大鞋類製造廠,但是因為股本太大,加上主要生產據點在中國,隨著中國近幾年的工資不斷調漲,雖然過去營運呈現持平的狀態,但是我評估,未來獲利成長動能相對有限。

合作關係高度緊密,豐泰 9 成營收來自 Nike

最後我把焦點放在豐泰身上。豐泰成立於 1971 年,為台灣第二大運動鞋製造商,主要客戶為全球最大運動品牌 Nike,所生產的運動鞋數量占 Nike 全球銷售量的 1/6 強,支援 Nike 每年近 5,000 萬雙運動鞋的訂單。

豐泰的營收比重有超過 8 成來自於運動鞋,休閒鞋與運動用品僅占 1 成,其他則為球具、鞋類零售與生活用品批發。2013 年,公司營收有將近 9 成來自於 Nike 的貢獻,剩下少部分為 Converse、Salomon 與其他休閒鞋品牌。我一開始研究豐泰的營收結構,確實有些令人擔憂,畢竟公司營收 90% 都在 Nike 身上,具有客戶高度集中的風險,只要 Nike 抽單,勢必衝擊豐泰的營運。

為了解決我心中的疑慮，我開始深入了解豐泰與 Nike 之間的關係。我發現豐泰對於 Nike 而言，並非只是單純的代工廠，更像是共同開發的合作夥伴。30 年來豐泰堅持只幫 Nike 單一客戶製造運動鞋，除了一般慢跑鞋之外，更高端的喬丹系列籃球鞋，也幾乎委由豐泰研發製造，更在 1992 年在台灣共同成立 Nike 亞洲研發中心；加上當時的董事長王秋雄與 Nike 創辦人菲爾‧奈特（Phil Knight）的私交，我判斷豐泰與 Nike 的相互依存性，可能比外界所想像的更加緊密。

因此，對於主要客戶 Nike 是否會降低對豐泰的運動鞋採購量，看起來並不需要擔心，反而是 Nike 的營運能否持續成長，才是決定豐泰未來業績表現的最大關鍵。而當時 Nike 預估未來 5 年（2014 年～ 2018 年）營收年複合成長達 10%，如果預估屬實，身為 Nike 運動鞋主要供應商之一的豐泰，未來的營運自然跟著水漲船高。

除了產業前景受惠於全球運動風潮盛行之外，最大客戶 Nike 的訂單穩定成長，加上新增 Converse、Salomon 等戶外休閒鞋訂單，豐泰的產能供不應求，因此積極在越南、

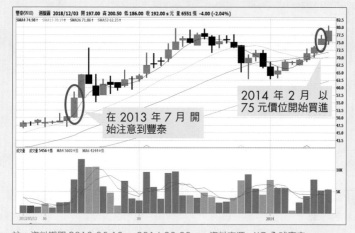

圖1 **2013年底豐泰股價拉回後又創新高**
豐泰（9910）2013年～2014年股價週線圖

在 2013 年 7 月開始注意到豐泰

2014 年 2 月 以 75 元價位開始買進

註：資料期間 2013.05.13 ～ 2014.03.03　　資料來源：XQ 全球贏家

印尼與印度等地持續擴產，營收動能可望逐季增加。另外，隨著「跨太平洋夥伴全面進展協定（TPP）」有機會簽訂，越南產能占比超過 52% 的豐泰，隨著出口關稅的減免，可望直接受惠。

　　我是在 2013 年 7 月開始注意到豐泰，當時股價在 50 元左右（詳見圖 1）；但是，因為當時對豐泰的客戶過於

集中這件事有些疑慮，加上手上並沒有多餘的資金可以加碼，所以一直等到 2014 年 2 月，股價站上 75 元後，才開始陸續進場。

我之所以決定進場，是因為 2014 年年初時，豐泰獲利持續創新高，股價呈現緩步走升的態勢，從 2013 年前 3 季每股盈餘（EPS）3.04 元推估，全年 EPS 有機會達 4.1 元，稅後淨利可望較 2012 年同期大幅成長 3 成以上。

訂單穩定成長＋持續擴產，PEG 符合買進訊號

我再推估豐泰 2014 年的稅後淨利與本益比，從營收年成長率 19% 推算，2014 年第 1 季稅後淨利有機會比 2013 年同期成長 20% 以上。如果維持過去的成長力道，我預估豐泰 2014 年每股盈餘有機會達 5 元至 5.5 元，稅後淨利有望較 2013 年成長逾 2 成。如果股本維持 55 億元，預估 2014 年每股盈餘有機會達到 5.3 元。以股價 75 元計算，預估本益比約為 14.15 倍（75 元／5.3 元）。

接著計算本益成長比（PEG），我預估豐泰的稅後淨利

成長率，在主要客戶 Nike 營收成長、豐泰大量提升自動化產能以減少人力支出等條件下，營收與毛利都有機會持續走揚，稅後淨利有望能年成長 20%～30%。如果以較保守的 20% 計算，PEG 約 0.7 倍（14／20），符合本益成長比買進的條件。

我在 2014 年 2 月買進豐泰後，股價短短不到 2 個月就衝破 90 元關卡，我心想有機會能複製當初儒鴻持續上漲的走勢，沒想到在 5 月中，發生了越南排華暴動事件。以越南為主要生產地的豐泰，自然首當其衝，股價很快跌至波段低點 77.6 元，幾乎快跌回我的成本價（詳見圖 2）。

但是，我觀察公司發布的月營收，還是維持高成長，加上豐泰在越南的生產線依舊照常運作，我判斷這波排華暴動對公司的營運影響有限，於是我非但沒有減碼，反而是利用股價下跌逢低加碼。

趁短暫利空加碼，終於等到股價倍數翻漲

一直到 2014 年年底，股價才開始表態，期間盤整了 9

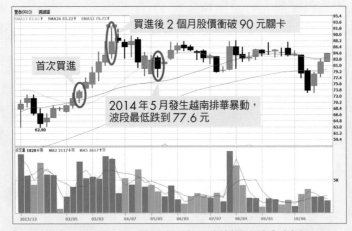

圖2 **越南排華事件衝擊豐泰,波段跌近15%**
豐泰(9910)2013年~2014年股價週線圖

註:資料期間 2013.12.16~2014.11.10　資料來源:XQ 全球贏家

個月。投資有時是需要等待,當你很看好一檔股票的未來性,但是股價遲遲沒反應,而檢視營收、淨利都呈現逐季成長的話,此時最好的策略就是等待;因為當股價開始上漲,通常漲勢會來得又急又猛,往往會錯失介入的時機。

隨著外資買盤持續湧入,推升豐泰股價呈現長多格局,加上豐泰屬於家族企業,股票主要集中在自家人手上,在

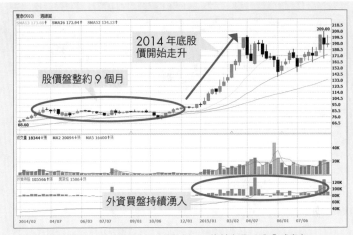

圖3 股價盤整9個月後，豐泰開始走長多
豐泰（9910）2014年～2015年股價週線圖

2014年底股價開始走升

股價盤整約9個月

外資買盤持續湧入

註：資料期間 2014.02.10～2015.08.31　資料來源：XQ全球贏家

外流通的股票相對有限，當市場大量的資金追捧有限的籌碼時，股價大漲幾乎是必然的結果。因此，股價從波段低點72.9元上漲至200元以上，只用了短短不到半年的時間（詳見圖3）。

我是在2015年3月股價來到150元以上開始少量減碼。2014年豐泰的每股盈餘為5.33元，我當時預估

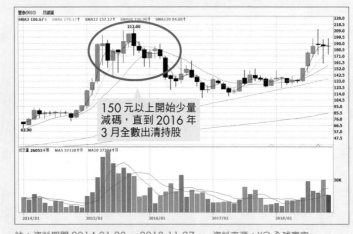

圖4 豐泰漲至歷史高點212元後開始下修
豐泰（9910）2014年～2018年股價月線圖

150 元以上開始少量減碼，直到 2016 年 3 月全數出清持股

註：資料期間 2014.01.02 ～ 2018.11.27　　資料來源：XQ 全球贏家

2015 年豐泰的每股盈餘有機會來到 6.5 元，以 150 元的股價來計算，本益比來到 23 倍，已經不便宜。

本益比偏高，逢高陸續調節持股獲利達 260%

當股價走勢持續強勁，本益比也愈來愈高，因此，我持續逢高調節手上的持股，大部分出脫在 180 元附近，最高

表1 2016年與2017年，豐泰獲利成長趨緩

豐泰（9910）歷年經營績效

年度	營業收入（億元）	稅後淨利（億元）	每股盈餘（元）	稅後淨利年成長率（％）
2008	272.1	8.8	1.80	-30.1
2009	266.5	15.1	3.08	70.9
2010	299.7	15.5	2.98	2.4
2011	356.0	14.3	2.76	-7.5
2012	365.2	16.8	3.14	17.3
2013	381.5	22.9	4.12	36.5
2014	476.5	30.9	5.33	34.6
2015	558.0	42.4	7.11	37.3
2016	581.2	44.5	6.67	5.1
2017	586.3	44.0	6.58	-1.3

註：營業收入與稅後淨利以新台幣億元為單位，四捨五入至小數點後第 1 位
資料來源：XQ 全球贏家

賣在 200 元，直到 2016 年 3 月，全數獲利了結（詳見圖 4）。我出脫股票的理由，並非看壞豐泰的後市，而是股價漲多了。當股價來到 180 元以上，預估本益比已經超過 25 倍，加上 2016 年第 1 季公布的稅後淨利年成長僅 9%，而每股盈餘因為配發股票股利造成股本的增加，更只剩下 6% 的年成長率。在股價還在相對高檔的情況下，我

選擇先把獲利放進口袋，總計持有豐泰不到 2 年，加計股利所得，總報酬率達 260%。

之後豐泰股價拉回整理，最低曾經跌至 107.5 元，2016 年年底到 2018 年上半年，股價多在 110 元～150 元區間。觀察豐泰的經營績效（詳見表 1），2015 年的稅後淨利雖然呈現逾 30% 的年增率，但是，2016 年只剩 5% 的年增率，2017 年則是微幅衰退。當成長股出現成長力道衰退，加上本益比下修，股價走弱是顯而易見的。

直到 2018 年下半年，隨著豐泰獲利表現又開始出現增長，股價也重拾許久不見的上漲力道；主要原因是隨著 Nike 營運動能轉強，而且豐泰每年持續增加產能 7% ～10%，對客戶的供貨滲透程度也不斷提升，加上 2020 年東京奧運即將來臨，預估將有提前鋪貨效應，對於 2019 年的營運展望，可望優於 2018 年，後市表現值得投資人持續關注。

5-8 晶圓代工龍頭》台積電 科技產業中的績優股

在過去幾年,如果有朋友問我有什麼股票可以買,我都說可以考慮台積電(2330),當時(2014年、2015年)我也曾經多次在個人的臉書(Facebook)粉絲專頁推薦過台積電。雖然它是科技股,但是,我覺得相較於其他小型電子股,台積電本身具備一些特殊的優勢。

我從台積電身上看見一個長期向上的趨勢。前文提過,我個人選股偏好傳產股,但是,如果有科技股出現好的投資機會,我自然也不會錯過。

我會看好台積電的理由很簡單,想像一個20年後的世界,科技會一直往前、不斷創新;除了現在人手一支的智慧型手機之外,包括AI(人工智慧)、物聯網、智能汽車、機器人等產業,無一不需要高端晶片。而台積電正是世界

晶圓製造的龍頭廠，絕大部分晶片設計公司都與台積電呈現互惠合作的模式，都需要仰賴它的先進製程技術，因此，幾乎可以下一個結論：除非世界的高端科技不再持續往前，否則晶圓製造囊括過半市占率的台積電，未來的營運沒有看淡的理由。

第 1 次操作》看好盈餘成長率上看 12% 而進場

2014 年台積電的走勢延續過去幾年的多頭行情，股價持續上漲。7 月時，股價來到 138 元的波段高點，從 2008 年低點 36.4 元起漲計算，漲幅也高達約 280%。雖然股價已經大漲接近 3 倍，有些投資人可能會望之卻步，但是，從台積電公布的 2014 年上半年每股盈餘達 4.15 元、稅後淨利年成長 18% 來看，2014 年的獲利有望再創歷史新高。

加上時任董事長的張忠謀在法說會上，樂觀看好台積電未來 5 年（2015 年～ 2019 年）的營收年複合成長率有 5% ～ 10% 的水準。如果張董所言不虛，在營運規模增加，而且有效透過先進製程提高毛利率，以及降低營業費用的

圖1 股價延續多頭格局，趁高檔修正時進場

台積電（2330）2012年～2014年股價週線圖

2014年10月買進成本約120元，進場後股價持續走升

註：資料期間2012.04.09～2014.11.24　資料來源：XQ全球贏家

前提下，我們可以合理推估，未來5年台積電的盈餘成長率有機會年成長8%～12%。

　　我是在2014年10月台積電隨著大盤下跌，股價順勢修正才進場，進場價格約在120元左右（詳見圖1）。從公司最新的法說會所預估營運展望與法人研究報告，我看好台積電2014年的每股盈餘有機會挑戰10元。如果股

價在 120 元，換算本益比只有 12 倍。以一檔未來具備成長性的半導體龍頭廠來說，股價似乎有些被低估。

嚴格來說，我台積電操作的並不好，第一次出清台積電是在 2016 年 4 月，股價 160 元左右。我會賣出的最主要原因是，以本益成長比的計算，股價已經來到合理價。

雖然台積電的獲利持續成長，但是成長力道與我原先評估的相差不遠，因此透過本益成長比得知，股價就顯得不那麼便宜。而台積電股價也在我出場後，呈現拉回的走勢，只是當股價觸及到波段低點 143 元後，隨即展開反彈，短短不到 1 個月的時間，股價越過前高再創波段新高。

第 2 次操作》評估合理股價，成功賣在相對高點

一直等到 2017 年年初，我又再一次買進台積電，買進股價在 180 元左右（詳見圖 2）。之所以敢在高點再次進場的原因，是因為我看了《約翰・聶夫談投資》這本書，裡面提到總報酬本益比（total return ratio），所帶給我的啟發。

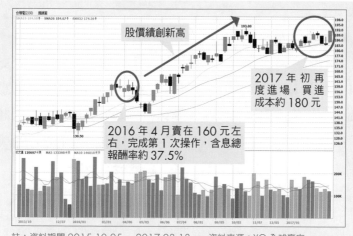

圖2 台積電股價續創新高，2017年再次買進
台積電（2330）2015年～2017年股價週線圖

股價續創新高

2017 年初再度進場，買進成本約 180 元

2016 年 4 月賣在 160 元左右，完成第 1 次操作，含息總報酬率約 37.5%

註：資料期間 2015.10.05 ～ 2017.03.13　　資料來源：XQ 全球贏家

　　台積電的獲利成長性可能不如一些中小型成長飆股，畢竟台積電的市值超過 5 兆元（2016 年資料），如果期待淨利能夠每年持續成長 20%～ 30% 以上，似乎有些強人所難；因此，透過本益成長比計算，股價似乎便顯得有點貴。

　　台積電獲利雖然無法高速成長，但是，因為企業在產業獨占鰲頭的地位，而且未來數年的前景樂觀，具備其他中

小型成長股沒有的優勢，加上股利的配發呈現逐年成長，這樣類型的企業似乎更適合用「總報酬本益比」評估合理股價。

　　總報酬本益比與本益成長比唯一不同的地方是，在於加計收益率（殖利率）。以台積電 2017 年年初 180 元的股價來說，2017 年每股盈餘預估值約 13.5 元，本益比為 13 倍左右，預估未來盈餘成長率達 12%。如果以本益成長比來計算，頂多處在合理價（或高於合理價一些）。

　　但是，假設採取增加收益率的總報酬本益比，結果就會大不相同。以 2016 年台積電每股盈餘來計算，如果配息率為 55%，2017 年所發放的現金股利有 7 元的水準，換算收益率（現金殖利率）為 4%，加上 12% 的預估盈餘成長率，等於總報酬率為 16%，將 16（%）除以本益比 13（倍），等於總報酬本益比為 1.23 倍，符合總報酬本益比公式的買進標準。

　　一直到 2017 年 11 月，台積電站上 240 元後（詳見圖 3），我才進行獲利了結。然而，會賣出台積電並非是因為

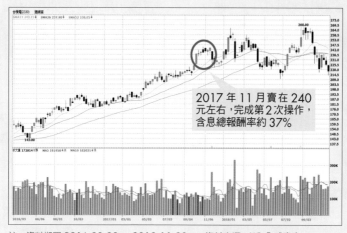

圖3 **2017年台積電站上240元時獲利出場**
台積電（2330）2016年～2018年股價週線圖

註：資料期間 2016.03.28 ～ 2018.11.23　　資料來源：XQ 全球贏家

看壞公司的未來營運。雖然 2017 年台積電的成長動能有些趨緩（詳見表 1），但是，營運趨勢長期向上仍是毋庸置疑，而張忠謀也在 2017 年 10 月提出，預估台積電未來每年可望維持 5% ～ 10% 的成長率。

只是當台積電股價站上 240 元，換算本益比來到 18 倍之上，已經不算便宜了。一旦再計算總報酬本益比，假設

2018 年增加現金股利至 7.5 元，以股價 240 元計算，殖利率為 3.1%，預估盈餘成長率採取較為樂觀的 10% 計算，總報酬率為 13.1%。將 13.1（%）除以本益比 18（倍），可以得到總報酬本益比僅 0.73 倍左右。根據總報酬本益比的評價原則，低於 0.8 倍以下，即為適當的賣出時機。

因此，在 2017 年 11 月，即使我認為股價有可能持續向上，不過，在評價總報酬本益比後，我選擇出脫台積電持股，把資金轉入其他更具成長潛力的標的，讓資金做更有效率的運用。

總計兩次持有台積電，合計時間約 2 年半，加計股利收益，累積報酬率約 65%。現在回過頭來看，如果當初在 160 元沒有出脫持股，而是選擇持股續抱，我想投報率應該會比現在來得優異。但是，從另外的角度思考，我也是因為發掘了總報酬本益比，才敢在相對高點進場。

看一本書只要能從中學到一個新知識，其實就算值回票價。《約翰‧聶夫談投資》整本書超過 300 頁，其中闡述到總報酬本益比的頁數不過只有 3 頁，而為了理解公式的

表1 台積電2017年獲利成長力道趨緩

台積電（2330）歷年經營績效

年度	營業收入 （億元）	稅後淨利 （億元）	每股盈餘 （元）	稅後淨利 年成長率（%）
2008	3,332	999	3.86	-8.5
2009	2,957	892	3.45	-10.7
2010	4,195	1,616	6.24	81.1
2011	4,271	1,342	5.18	-17.0
2012	5,067	1,663	6.42	23.9
2013	5,970	1,881	7.26	13.1
2014	7,628	2,639	10.18	40.3
2015	8,435	3,066	11.82	16.2
2016	9,479	3,342	12.89	9.0
2017	9,774	3,431	13.23	2.7

註：營業收入與稅後淨利以新台幣億元為單位，四捨五入至整數
資料來源：XQ全球贏家

邏輯，這3頁我看了不下數十次，而把學到的東西運用在實務上，所賺取的回饋更是數以千倍以上。關於總報酬本益比的公式，讀者可以複習本書4-1的內容。

5-9　**失敗經驗》再生-KY、綠悦-KY
專注財報數據忽視高層誠信**

自從 2008 年金融風暴慘賠，我改變過去的投資風格，改以成長股為主的投資策略後，獲利便大幅成長，再也沒有出現過大賠的情況。

雖然如此，也並非每次出手都有預期的表現，有時會因為在評估上太過樂觀，而犯了一些錯誤。其實，投資不可能不犯錯，尤其當你的投資生涯愈長，累積的失敗經驗就會愈多；因此，重點不是在於你會不會犯錯，而是遭遇到逆境時，應該要怎麼處理，才能夠把損失控制在最小範圍。

説到我個人投資犯錯的案例，印象最深刻的是再生-KY（1337）與綠悦-KY（1262），很湊巧的是，這兩檔股票都是「KY 股」，也就是指「海外來台第一上市股」。簡單來説，就是公司總部設立在海外，以境外公司之名義回

台掛牌。以前這類股票需要在股票簡稱前面加上「F-」,因此市場上普遍稱它們為「F股」。

2006 年改制後,變成要在股票簡稱後加上公司註冊地,而這類回台上市的股票,幾乎都是在英國領地——開曼群島註冊,因此,股票簡稱後面需加上「-KY」。本文除了檢討失敗案例之外,順便兼論我對海外來台第一上市企業的一些想法。

再生 -KY》2011 年上市,因財報完美而買進

我是在 2012 年 11 月買進再生 -KY,平均成本約在 84 元。當時台灣剛開放海外企業回來掛牌不久,大家對「F股」的認知也處於一知半解的情形。雖然投資人對「F股」都不太了解,但是,它們普遍有一個共同點,就是在剛上市時,財報數字都極為優異。

以 2011 年掛牌的再生 -KY 為例,2008 年～ 2011 年的稅後淨利年複合成長率達 29%、股東權益報酬率(ROE)高達 30%、毛利率接近 40%、2011 年的每股盈餘(EPS)

大賺 9.36 元，加上本益比不到 9 倍，不管從什麼角度研究，幾乎都是一檔完美到無可挑剔的標的。

進一步檢視公司的營運項目，再生 -KY 的全名為「亞洲塑膠再生資源控股有限公司」，為 EVA（乙烯醋酸乙烯酯共聚物）發泡材料廠，致力於 EVA、PE（聚乙烯）廢塑邊角料回收再利用，所生產的發泡材料可以應用於鞋材、行李箱襯片、體育用品、汽車內襯、裝潢建材等。再生 -KY 也是中國最大的 EVA 循環回收廠。

當時根據公司發布的訊息，產能已經呈現滿載，公司持續擴產，機台數將由 32 台擴增至 40 台，並且於 2013 年開始投產。公司同時通過福建省高新技術企業認定，將享有 3 年降稅優惠，加上綠能回收是長期趨勢，企業前景看起來相當樂觀。

像再生 -KY 營運表現如此優異的企業，股價應該遲早要表態；但是，股價從我進場後卻一直沒反應，直到 2013 年 3 月，公司公布 2012 年年報，在營收持續成長的情況下，2012 年第 4 季的淨利居然較 2011 年同期衰退 9%！

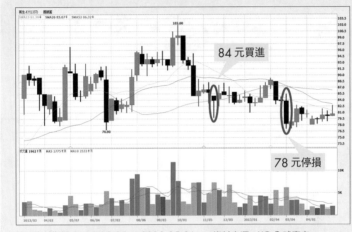

圖1 對經營者誠信存疑,低點出脫虧損7%
再生-KY(1337)2012年〜2013年股價週線圖

84 元買進

78 元停損

註:資料期間 2012.03.05 〜 2013.05.06　　資料來源:XQ 全球贏家

　　我深入了解後發現,主要是因為公司高層操作塑膠期貨虧損所導致,這讓我對公司的經營管理與誠信打了一個問號。財報公布後,再生 -KY 的股價從原本的 89 元下修至 77 元。因為對公司高層存疑,所以我停損出場,股價在 78 元左右,幾乎賣在波段低點,損失將近7%(詳見圖1)。

　　在我出場後,再生 -KY 股價一度挺過 2013 年第 1 季財

表1 **2012年～2017年再生-KY獲利大衰退**

再生-KY（1337）2008年～2017年經營績效

年度	營業收入（億元）	稅後淨利（億元）	每股盈餘（元）
2008	24.1	5.6	5.24
2009	37.6	9.9	8.59
2010	42.3	10.0	8.34
2011	51.5	12.0	9.36
2012	60.2	15.0	9.25
2013	71.8	12.9	6.44
2014	53.8	11.3	4.54
2015	49.8	3.9	1.50
2016	57.8	4.1	1.53
2017	45.9	1.8	0.68

註：營業收入與稅後淨利以新台幣億元為單位，四捨五入至小數點後第 1 位
資料來源：XQ 全球贏家

報不佳所帶來的衝擊，更在 2013 年底衝破百元關卡。到了 2014 年 4 月，外資研究機構格勞克斯（Glaucus）出具一篇研究報告，指控再生-KY 的財報作假，目標價為零元，股價隨即應聲暴跌。雖然公司出面開記者會，反擊格勞克斯的指控不實，但是，在投資人恐慌的情緒下，連續 6 個交易日都出現跌停板（編按：4 月 24、25、28、29

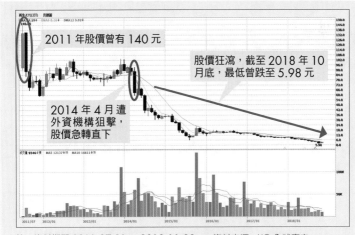

圖2 再生-KY從高點起跌，股價至今暴跌9成
再生-KY（1337）2011年～2018年股價月線圖

2011 年股價曾有 140 元

股價狂瀉，截至 2018 年 10 月底，最低曾跌至 5.98 元

2014 年 4 月遭外資機構狙擊，股價急轉直下

註：資料期間 2011.07.01 ～ 2018.11.23　　資料來源：XQ 全球贏家

日皆以跌停板作收，而 4 月 30 日、5 月 2 日盤中雖然出現跌停但是尾盤收紅）。

財報利空打擊股價，累積跌幅 95.7%

雖然最終並沒有直接證據證明再生 -KY 財報造假，但是，公司營運每下愈況卻是事實。2012 年至 2017 年的每股

盈餘（EPS）為 9.25 元、6.44 元、4.54 元、1.5 元、1.53元、0.68 元，宛如自由落體般直線下滑（詳見表 1）。加上大股東這幾年拚命出售自家股票，股價也從 2011 年剛上市最高的 140 元，一路下跌至 2018 年 10 月（也是我在寫作的同時）最低的 5.98 元，累積跌幅高達 95.7%（詳見圖 2）。

綠悅 -KY》看好獲利增長，以 5% 資金謹慎進場

有了再生 -KY 的失敗經驗，之後我就很少投資「KY 股」，直到 2017 年 4 月進場買了綠悅 -KY（1262），平均成本約在 168 元左右。我注意到綠悅 -KY 已經有一段時間了，公司從 2014 年 1 月掛牌上市後，營運狀況一直很穩定，每股盈餘（EPS）已經連續好幾年都維持在賺一個股本之上，毛利率、ROE 的表現也在水準之上。

根據我的研究，綠悅 -KY 為中國最大的 BOPA（雙向延伸尼龍薄膜生產商），中國市占率將近 5 成；產品廣泛應用在食品包裝、醫藥包裝、電子材料包裝，主要客戶包含統一（1216）、康師傅等。

2017 年第 1 季，受惠於上游原料尼龍（PA6）價格大漲，因此綠悦 -KY 產品報價跟著水漲船高。當時生產線已經全部滿載，預計 10 月將安裝新生產線，將能增加貢獻 2018 年營收 13 億元。

根據我的評估，2017 年綠悦 -KY 的淨利有望成長 20% 以上，每股盈餘有望達 12.5 元，創歷史新高，本益比不到 14 倍，對一檔有成長性的股票來說不算貴。而且如果營運展望如同公司所預期，2018 年的獲利有望更上層樓。

雖然我看好綠悦 -KY 未來的表現，也盡可能在能力範圍內做足功課，但是，因為有過去投資「F 股」的慘痛教訓，讓我對綠悦 -KY 更加謹慎。最後我選擇先保守以對，只動用了總資金的 5% 左右布局。

公司董座轉讓持股逾 7500 張，打擊投資人信心

正當我覺得應該萬無一失的時候，沒想到進場不久後，就發生董事長王哲夫鉅額轉讓持股高達 7,544 張。正常來說，如果你對自家公司未來有信心，應該不會輕易出脫持

股，因此，消息一出，隔天股價馬上打到跌停！

公司高層大量出脫持股，通常是一個很明顯的警訊，我應該在當下就要選擇出場。可是，當時公司營收依然大幅成長，因此我猶豫了一下，等 2017 年第 1 季每股盈餘的表現，或許有機會還公司一個公道。

料想不到的是，2017 年 5 月初，綠悦 -KY 公布股利政策（配發 2016 年股利），現金股利居然只有 0.12 元（另外還有配發股票股利 1 元）。

2015 年綠悦 -KY 的每股盈餘為 10.51 元，而當年度配發的現金股利為 5 元，配息率接近 5 成；2016 年每股盈餘達 12.29 元，年成長大約 17%，現金股利卻只有 0.12 元而已，換算下來配息率只剩下不到 1%。

管理階層出脫持股，顯示公司現金短缺

公司的説法是因應擴產，需要大量的資本支出，為了使營運資金充分利用，因此採取低配息政策。不過我內心驚

表2 綠悅-KY在2018年前3季連續虧損

綠悅-KY（1262）歷年經營績效

季別	營業收入（億元）	稅後淨利（億元）	每股盈餘（元）
2016Q1	15.05	3.94	2.65
2016Q2	17.41	4.54	3.06
2016Q3	17.51	4.43	2.98
2016Q4	19.26	5.35	3.60
2017Q1	21.53	4.92	3.31
2017Q2	15.99	1.79	1.09
2017Q3	11.16	0.89	0.54
2017Q4	14.29	0.07	0.04
2018Q1	12.76	-0.23	-0.14
2018Q2	8.62	-1.61	-0.99
2018Q3	8.30	-0.86	-0.53

註：營業收入與稅後淨利以新台幣億元為單位，四捨五入至小數點後第2位
資料來源：XQ全球贏家

覺不妙，我的感覺是，從董事長大量出脫持股套現與現金股利大幅減少，這一連串的狀況，只證明了一件事情，就是這家企業很缺現金！

於是我隔天一早開盤便把綠悅-KY全數出清，以接近跌

停價 131 元出售，只持有綠悅-KY 短短 1 個月時間，虧損達 22%。雖然令人心痛，但是如果繼續觀察綠悅-KY 的營運表現就會發現，公司營收從 5 月開始急速衰退，獲利也跟著同步跌落谷底，2018 年更連續虧損 3 季（詳見表 2）；股價則一路重挫至 2018 年 7 月，來到歷史低點 24.2 元（詳見圖 3），如果我當初抱股不賣，將面對高達 86% 的負報酬率。

　　事後回頭來看，幸好盡早處理，沒有讓損失持續擴大。而從董座王哲夫手上以每股 155 元買進 7,544 張的投資人，面對從入手後股價永無止境的下跌，不知他們心中作何感想。

剛上市櫃公司不確定，最好鎖定掛牌滿 5 年個股

　　市場從來不是吃素的地方，只要稍有不慎，往往讓你付出血本無歸的代價，再生-KY 與綠悅-KY 就是最好的例子。其他還有金麗-KY（8429）從 127.5 元跌至 15.6 元、紅木-KY（8426）從 95.2 元跌至 18.8 元、富驛-KY（2724）從 130.4 元跌至 2.25 元、勝悅-KY（1340）

圖3 綠悅股價大幅下跌，波段低點僅24.2元

綠悅-KY（1262）2014年～2018年股價月線圖

2017年4月進場，
平均成本約 168 元

賣出後，股價最低
曾跌至 24.2 元

隔月以 131 元停損出清，
虧損 22%

註：資料期間 2014.01.16 ～ 2018.11.23　　資料來源：XQ 全球贏家

從 220 元跌至 18.8 元等（資料統計至 2018 年 11 月
23 日），都是血淋淋的案例。

根據統計，「KY 股」即使在多頭年，股價下跌超過 50%
的機率比其他標的多 5 倍。雖然不能一竿子打翻一船人，
但是，事實證明，投資「KY 股」的風險確實比其他股票高
出許多。

對於投資人而言，當我們想買進一檔股票，一定是透過公司的財報與發布的訊息來進行研究；如果這些可供評估的資料都是經過美化或刻意修飾，所有漂亮的財務數字與未來前景都只是精心營造的表象，最後可能只是成為引誘你上鉤的圈套。

一家公司最重要的就是誠信，具備誠信的公司才是一切分析的基礎，沒有這個基礎，所有美好的營運前景都如夢幻泡影般，瞬間消失。

為了避免之後重蹈覆轍，我的因應之道是，除非對公司高層的誠信釋疑，否則我會盡可能避開「KY 股」，而且也不買剛上市櫃的股票。因為剛掛牌的企業，大多只會公開揭露最近 1 年的財報數據，能夠分析的資訊有限，加上還沒有經歷市場的考驗，所以我會選擇上市櫃時間至少超過 5 年以上的股票進行投資。

即便如此，投資人能做到的只是降低錯誤的機率，不可能永遠一帆風順，有時難免會判斷錯誤。此時，你可以善用本書所提到的停損策略，在對公司存有疑慮時，果斷停

損，設法保住大部分資金，就能保有尋找下一次逆轉勝的機會。

如何從錯誤中學到教訓，才是股市致勝的關鍵

有人不投資是因為怕犯錯，其實，不投資才是最大的錯誤。人只要進入市場，無可避免一定會有犯錯，重點在於你怎麼從錯誤中學習到教訓，並且透過累積經驗，修正自身的錯誤，讓自己能持續成長。如何透過每一次的失敗，讓自己變得更強大，才是在股市常勝最重要的關鍵。

不斷學習才是獲利不二法門

2016 年出版第一本書後，台股持續攀高，並且站上萬點大關，在撰寫本書期間，萬點已經站穩長達一年以上。這段期間常遇到投資人問我，「現在指數這麼高，還能買股票嗎？」

的確，如果根據台股過去近 30 年歷史經驗（1988 年～2018 年），指數長期在 3,000 點左右至 1 萬點左右來回震盪，從指數歷史區間的角度來看，在台股攻上萬點的 17 個月時，確實應該要居高思危（2018 年 10 月已經跌破萬點）。畢竟指數從 2008 年金融風暴後開始上漲，從最低 3,955 點漲到 2018 年最高點 1 萬 1,270 點，多頭已經整整走了 10 年行情，指數也大漲超過 1.8 倍，創下 27 年新高。

不過，對成長股的投資人來說，重點還是放在找尋具備

未來成長潛力的個股。台股有 1,600 多檔的個股，你找不到有任何一檔股票跟加權指數的走勢完全一樣。

我在 2011 年 5 月以 58 元開始買進美利達（9914），當時大盤指數在 9,000 點左右，後來美利達的股價從 50 多元，一路漲到 2013 年 10 月的波段高點 238.5 元，同時期大盤卻呈現下跌走勢，甚至一度跌到 6,609 點，後來才緩緩回到 8,100 點～ 8,500 點之間。另外，2008 年以前的熱門主流股，例如：宏達電（2498）、益通（3452）、中鋼（2002）等，則是一路向下破底，走勢也與大盤背道而馳。

台灣加權股價指數是根據所有上市公司股票市值的總和所編製，但是，每一檔股票的走勢卻不相同。股票是否會上漲的最主要原因，還是取決於企業未來的獲利是否能成長，因此，回歸到本質來思考，除非你投資的是指數期貨、選擇權、ETF（指數股票型基金，以元大台灣 50（0050）為代表），否則大盤指數位置對你來說影響相對有限。

當然，我不否認，當市場遭遇系統性風險，容易導致恐慌性殺盤，絕大部分的股票都難以倖免，股價在極短時間

內會發生連續重挫的可能；但是，這是股市的特性，因此控制風險顯得相當重要。想要避開系統性風險，盡可能不要使用融資，也不建議借錢買股票，最好是以短期不會使用到的資金為主，才不會在市場大跌時，因為急需資金而被迫把股票砍在低點。

大多數的投資人把時間浪費在預測指數上，而忽略了其實企業營運前景的好壞，才是你考慮是否買進一檔股票最重要的因素；再者，影響大盤走勢的變數眾多，沒有人能每次都準確預測指數的漲跌（包括我在內），我也不覺得靠投資獲利，需要具備精準預估大盤的能力。

從短期來看，股票的表現會受到很多層面的影響，包括市場氛圍、新聞事件、法人與主力的操作等；但是，從長期來看，股價的表現取決在企業的獲利績效，因此，與其花費心思猜測明天股市是漲是跌，不如把精力用在研究公司上。當你發掘了一檔成長潛力股，卻因為大盤指數太高而觀望，極有可能錯失了一次大波段行情！

追根究柢，當你想要買進一檔股票，最重要的兩個問題

是，這一家公司未來的獲利成長性如何？現在的價格是否被低估？只要兩個問題的答案都是肯定，大盤指數是否在高點，就顯得沒那麼重要。

　　文章終於來到尾聲了，很感謝各位讀者認真看到最後，《算股達人的翻倍成長投資術》這本著作，是一本完全以「成長股」為主的投資策略，從一開始的 8 大核心選股法則、進場前的最後篩選、停利與停損的運用、持股配置原則，到最後的台股實戰案例分享等，我把自己 10 年來閱讀、操作的完整心得，毫無保留地與大家分享；這些內容都是我從閱讀許多投資大師的精華，加上我個人的投資經驗累積而成。

　　不論你是否像我過去一樣，不滿意現況，想靠投資讓自己有自由人生；或者是在市場上打滾多年、想要精益求精的投資人，都希望這本書的內容，可以帶給你一些投資上的啟發，讓你在未來的投資旅程上，能讓自己的資產不斷翻倍再翻倍。

　　最後我想說，投資是一條極為漫長的道路，如果想長期

在市場中屹立不搖，就必須時刻增加自己的實力，而最好的辦法，就是透過不斷的閱讀，多學習別人成功的投資方法，避開重複犯錯的陷阱，從中找到最適合自己的投資策略，以及長期獲利的祕訣，相信你很快就能擁有自由、財富的新人生！

國家圖書館出版品預行編目資料

算股達人的翻倍成長投資術 / 陳喬泓著. --
一版. -- 臺北市：Smart 智富文化，城邦文化，
2018.12
　　面；　公分
ISBN 978-986-97152-2-5(平裝)

1. 股票投資 2. 投資技術 3. 投資分析

563.53　　　　　　　　　　107021524

Smart 智富
算股達人的翻倍成長投資術

作者	陳喬泓
企畫	黃嫈琪
商周集團	
榮譽發行人	金惟純
執行長	郭奕伶
總經理	朱紀中
Smart 智富	
社長	林正峰（兼總編輯）
攝影	高國展
資深主編	楊巧鈴
編輯	李曉怡、林易柔、邱慧真、胡定豪、施茵曼
	連宜玫、陳庭瑋、劉鈺雯
資深主任設計	張麗珍
版面構成	林美玲、廖洲文、廖彥嘉
封面設計	陳喬泓
出版	Smart 智富
地址	104 台北市中山區民生東路二段 141 號 4 樓
網站	smart.businessweekly.com.tw
客戶服務專線	（02）2510-8888
客戶服務傳真	（02）2503-5868
發行	英屬蓋曼群島商家庭傳媒股份有限公司城邦分公司
製版印刷	科樂印刷事業股份有限公司
初版一刷	2018 年 12 月
初版四刷	2020 年 03 月
ISBN	978-986-97152-2-5

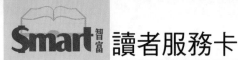 **讀者服務卡**

WBSI0079A1
《算股達人的翻倍成長投資術》

為了提供您更優質的服務，《Smart 智富》會不定期提供您最新的出版訊息、優惠通知及活動消息。請您提起筆來，馬上填寫本回函！填寫完畢後，免貼郵票，請直接寄回本公司或傳真回覆。Smart 傳真專線：（02）2500-1956

1. 您若同意 Smart 智富透過電子郵件，提供最新的活動訊息與出版品介紹，請留下電子郵件信箱：

2. 您購買本書的地點為：☐ 超商，例：7-11、全家
   ☐ 連鎖書店，例：金石堂、誠品
   ☐ 網路書店，例：博客來、金石堂網路書店
   ☐ 量販店，例：家樂福、大潤發、愛買
   ☐ 一般書店

3. 您最常閱讀 Smart 智富哪一種出版品？
   ☐ Smart 智富月刊（每月 1 日出刊）　☐ Smart 叢書　☐ Smart DVD

4. 您有參加過 Smart 智富的實體活動課程嗎？　☐ 有參加　　☐ 沒興趣　　☐ 考慮中
   或對課程活動有任何建議或需要改進事宜：

5. 您希望加強對何種投資理財工具做更深入的了解？
   ☐ 現股交易　　☐ 當沖　　☐ 期貨　　☐ 權證　　☐ 選擇權　　☐ 房地產
   ☐ 海外基金　　☐ 國內基金　　☐ 其他：

6. 對本書內容、編排或其他產品、活動，有需要改善的事項，歡迎告訴我們，如希望 Smart
   提供其他新的服務，也請讓我們知道：

您的基本資料：（請詳細填寫下列基本資料，本刊對個人資料均予保密，謝謝）

姓名：　　　　　　　　　　　　　性別：☐ 男　☐ 女

出生年份：　　　　　　　　　　　聯絡電話：

通訊地址：

從事產業：☐ 軍人　☐ 公教　☐ 農業　☐ 傳產業　☐ 科技業　☐ 服務業　☐ 自營商　☐ 家管

您也可以掃描右方 QR Code、回傳電子表單，提供您寶貴的意見。

想知道 Smart 智富各項課程最新消息，快加入 Smart 自學網 Line@。

104 台北市民生東路2段141號4樓

廣 告 回 函
台灣北區郵政管理局登記證
台北廣字第 000791 號
免 貼 郵 票

Smart 智富

行銷部 收

●請沿著虛線對摺，謝謝。

Smart 智富

書號：WBSI0079A1
書名：**算股達人的翻倍成長投資術**